INHALT

W0229051

Vorwort

Liebe Leserin, lieber Leser,

wenn Sie dieses Buch von Ille Ochs aufschlagen, hat Sie vermutlich der Titel angesprochen. Frei – ja, so möchte ich mich gern in dieser Welt bewegen, dachte ich, als ich den Buchtitel zum ersten Mal las. Abgeschminkt. Ohne Maske, einfach mal ungeschminkt sein dürfen. Mit allen Macken und Narben. Ein schöner Gedanke. Und ein Wagnis. Mich so zu zeigen – das braucht Mut und den richtigen Raum.

Was immer Sie bewegt hat, das Buch aufzuschlagen – Sie betreten hier einen besonderen Raum. Einen, der Ihnen ganz allein gehört. Einen Raum, in dem Sie auf Entdeckungsreise gehen können. In dem Sie sich selbst besser kennenlernen und vielleicht der Sehnsucht nach Geborgenheit, Heilung, Leben und Sinn in sich Raum geben. Angeregt von der Autorin, die Sie in ihre eigene Welt mitnimmt. Die äußere und die innere. Erleben Sie, wie Ille Ochs den Weg hinein in ein selbstbestimmtes, bewusstes Leben fand. Von Angst zum Mut. Von Depressionen zu einer kraftvollen Lebendigkeit. Von einem Glauben, der einengt, zu einem Glauben, der frei macht. Frei, Gott, sich selbst und andere zu lieben.

Dieses Buch ist kein psychologischer Ratgeber und kein Arbeitsbuch. Es ist viel mehr. Ille Ochs hat entschieden: Es soll ein Buch voller Geschichten aus dem Leben werden. Geschichten, die die Autorin selbst berührt haben. Die sie weitergebracht haben auf ihrem Weg der Heilung. Die ihr einen tieferen Blick in das Geheimnis des Daseins erlaubt haben. Ille Ochs erzählt von jungen und alten Menschen, die ihr begegnet sind, von Träumen und Hinweisen aus ihrem eigenen Körper und ihrer Seele.

Wie die christlichen Mystikerinnen und Mystiker aller Zeiten entdeckt sie dabei Spuren Gottes im Alltag. Wird selbst durchlässig für sein Wirken. Ohne Zwang, ohne Anstrengung hält sie sich Gott hin. Damit lässt sie ein christliches Milieu hinter sich, in dem vieles »fromm zugedeckt wurde«, wie sie sagt. In dem eine »äußere Frömmigkeit gelebt wurde, die keinen Zugang zum Inneren Kind« erlaubte. Und damit auch keinen wirklichen Kontakt zu sich selbst, zu den eigenen Verletzungen und vernarbten Wunden. Ille Ochs erzählt, wie hilfreich eine Bindung an die Leben spendende und heilende Kraft Gottes sein kann, wenn man sich auf die Reise zu seinem »Inneren Kind« macht. Ein Gott, der nicht verfügbar ist und der Autorin auf ihrem Lebens- und Heilungsweg immer wieder überraschend begegnet.

So ist das Buch auch eines für spirituell Interessierte. Es gibt viele Wege, heil zu werden. Deshalb gibt Ille Ochs auch keine Ratschläge, sondern formuliert am Ende eines Kapitels oder Abschnittes lediglich Fragen. Fragen, die den Leserinnen und Lesern helfen, das Gelesene zu vertiefen und mit der eigenen Erfahrung zu verbinden. Ich bin so frei, mir nur die Fragen vorzunehmen, die mich interessieren, oder mir meine ganz eigenen Gedanken zu machen, denn dazu will die Autorin anregen. Und sie macht Mut: Wir sind lebenslang lernfähig. Es ist nie zu spät, sich auf die Suche nach einem Leben ohne Käfige zu machen.

Haben Sie Lust, in diesen Entdeckungsraum einzutreten? Ich war schon so frei, es vor Ihnen zu tun. Und ich fühle mich gestärkt und ermutigt dank dieser couragierten, sanften und inspirierenden Reisebegleiterin.

Alle guten Wünsche für Ihre Lebensreise!

Petra Schulze

Landespfarrerin,
Evangelische Rundfunkbeauftragte beim WDR,
Leiterin Evangelisches Rundfunkreferat NRW, Düsseldorf

Einleitung

Liebe Leserin, lieber Leser,

es ist ein herrlicher Frühlingstag, den ich für einen ausgedehnten Spaziergang am Niederrhein nutze. Dabei genieße ich die Ruhe, die warmen Sonnenstrahlen und den Blick über die weiten Felder und Wiesen in frischem Grün. In der Ferne sehe ich ein flaches Gebäude, einen Reitstall, von denen es hier viele gibt. Davor kann ich schemenhaft einen Menschen und ein Pferd erkennen. Irgendetwas stimmt da nicht, denke ich. Von meiner Neugier angespornt lege ich deutlich einen Schritt zu. Als ich nah genug bin, werde ich Zeuge einer Szene, die mich augenblicklich innehalten lässt und meinen Blick fesselt.

Eine junge Frau hält ein Pferd am Halfter und führt es aus dem Stall auf eine große eingezäunte Wiese – zumindest versucht sie es, denn das Pferd scheint ganz und gar nicht einverstanden mit dieser Aktion zu sein. Es bockt, stellt sich stur wie ein Esel und bewegt sich kaum von der Stelle. Die Frau schafft es nur unter äußerster Kraftanstrengung und mit beruhigenden Worten, das Pferd zum Weitergehen zu bewegen. Ich bekomme fast Mitleid mit dem Tier. »Wenn es partout nicht will, lass es doch im Stall«, denke ich. Doch dann geschieht eine Wende, die sich mir tief einprägt. Die junge Frau hat endlich ihr Ziel erreicht. Sie führt das Pferd auf die Wiese, nimmt ihm das Zaumzeug ab und schließt das Gatter hinter sich. Das Pferd scheint zunächst irritiert, bleibt stehen und sieht sich nach allen Seiten um. Dann setzt es sich in Bewegung, zunächst langsam und vorsichtig, doch wie aus heiterem Himmel scheint es seine plötzliche Freiheit zu erkennen. Es springt ausgelassen in der Gegend herum, wirft die Hinterhufe, ja sogar das ganze Hinterteil hoch, dreht sich im Kreis und galoppiert in einem rasanten Tempo kreuz und quer über die Wiese.

Was für ein Bild der Befreiung!

Gleichzeitig tut sich mir eine andere Wahrheit auf: Wie schwer fällt es uns, unseren gewohnten, warmen Stall zu verlassen. Selbst wenn wir laut und vernehmlich sagen, dass wir uns nach Freiheit sehnen, hält uns irgendetwas immer noch im Stall oder im Käfig fest.

So erging es lange Zeit auch mir. In meinem Buch »Im Käfig der Angst«[1] habe ich beschrieben, wie mich der sexuelle Missbrauch durch meinen Vater im Käfig meiner Angst festgehalten hat. Nicht bei jedem ist das, was ihn oder sie im Käfig zurückhält, etwas so Gravierendes. Unsere Käfige können viele Namen haben. Manchmal sind es Lebenslügen und innere Festlegungen, die uns in einem fremdbestimmten Leben gefangen halten und uns daran hindern, in unser eigenes Leben und damit in die Freiheit zu gelangen. Wir halten an ihnen fest, denn sie geben uns trotz aller Enge ja auch Sicherheit wie der Stall dem Pferd. Manchmal halten wir ein Stück unseres Selbst im Käfig zurück, weil wir es nicht mögen und für nicht liebenswert halten; nur den Vorzeigeteil lassen wir »auf die Wiese«. Dabei verlieren wir allerdings den Kontakt zu uns selbst, sind sozusagen nur noch im Außen unterwegs. Andere Menschen begegnen nicht mehr uns, sondern unserer Außenwirkung. Ich möchte es nicht Fassade nennen, denn es ist ja durchaus echt und ernst gemeint, aber eben trotzdem nicht stimmig.

Und dann sind da die Christen, zu denen ich mich auch zähle. Wir behaupten gern, unsere Identität in Gott gefunden zu haben. Doch was genau meinen wir damit? Manchmal habe ich den Verdacht, dass wir Gott als Ausrede benutzen, um vor uns selbst zu flüchten. Da setzen wir ihn an die Stelle unseres Selbst und nennen das Hingabe, verdrängen unsere Verletzungen, Enttäuschungen und Sehnsüchte oder ordnen sie einer säkularen, nicht christlichen Welt zu und leben in uns selbst gespalten. Das ist fatal, denn es trennt uns nicht nur von der Person, die wir wirklich sind, sondern letztlich auch von Gott, der sich doch gerade allem, was uns ausmacht, einschließlich unserer tief vergrabenen Verletzungen, zugewandt hat.

Manche, die zu mir in die Beratung kommen, empfinden es wie einen inneren Knoten, der nicht definierbar und nicht zu greifen, aber doch deutlich fühlbar ist. Sie leiden darunter, wollen ihn irgendwie auflösen und wünschen sich, wirklich frei zu sein. Aber wie?

In diesem Buch möchte ich Sie, liebe Leserin, lieber Leser, mitnehmen auf eine Entdeckungs- und Befreiungsreise, eine Reise vom Stall auf die Wiese, heraus aus dem Käfig in die Freiheit. Ich reise mit Ihnen durch menschliche Geschichten, die zugleich göttlich sind, weil sie diese unfassbare, wunderbare Gott-Mensch-Verbindung beinhalten. Es sind Geschichten vom Heil- und Ganzwerden, aber auch von unseren Irrtümern und Irrwegen, die nur allzu menschlich sind.

Dabei lade ich Sie ein, einen ehrlichen Blick zu wagen, einen Blick auf sich selbst und Ihre oft unbewussten und über Jahre antrainierten Lebensmuster, die Sie daran hindern, wirklich Sie selbst zu sein. Ich möchte Sie ermutigen, ganz neu, staunend und kindlich entdeckend sich selbst zu begegnen und konkrete Schritte in die Freiheit zu gehen.

Dieses Buch ist kein Arbeitsbuch, sondern lebt von persönlichen Erfahrungen. Es sind wahre Begebenheiten, aber ich habe überall dort, wo nur ein Vorname genannt wird, die Namen und einige Details geändert, um die betreffenden Personen zu schützen. Nur Anne heißt wirklich so.

Zwischen den einzelnen Kapiteln stelle ich persönliche Fragen, die Ihnen eine Hilfe zur Selbstreflexion sein können, aber keineswegs ein Muss sind. Gehen Sie beim Lesen dieses Buches bitte achtsam mit sich um. Vielleicht spricht Sie nur eine der Fragen an, vielleicht gehen Ihre Gedanken und Gefühle aber auch einen ganz anderen, eigenen Weg.

Da ich in meiner Beratung oft mit Menschen zu tun habe, die aus einem christlichen Hintergrund kommen und mir in Bezug auf mein erstes Buch viele Fragen stellen, wird dieser Bereich ebenfalls einen größeren Raum einnehmen. Falls Sie nicht zu dieser Leserschaft gehören, mag Ihnen manches fremd, vielleicht sogar kurios erscheinen, vielleicht aber können Sie sich auch in einigem wiederfinden.

9

Nun wünsche ich Ihnen, dass Sie sich beim Lesen des Buches geradezu in sich selbst verlieben. Denn ganz gleich, wer und wie Sie sind, ob Sie an einen Gott glauben oder nicht: Sie sind ein fantastischer, einzigartiger und, wie ich glaube, auch geliebter Mensch.

Ihre Ille Ochs

I. Im Käfig zurückgelassen

Ein anstrengendes Leben

Lassen Sie mich noch einmal in die Welt der Pferde eintauchen. Insgesamt zwanzig Jahre haben wir in Krefeld am Niederrhein gewohnt. Dort gibt es viele Reiterhöfe und ganz in der Nähe unserer damaligen Wohnung auch eine Pferderennbahn. In jener Zeit bin ich oft mit dem Fahrrad unterwegs. Komme ich aus der Innenstadt nach Hause, führt mich mein Weg durch den Stadtwald direkt an der Pferderennbahn vorbei.

Manches Mal, wenn dort gerade ein Rennen stattfindet, tauche ich in diese ganz eigene, mir völlig fremde Welt ein, sehe die gut gekleideten Damen mit ihren auffallend großen Hüten, bewundere die glänzenden und gut gepflegten Autos mit ihren Pferdeanhängern.

Die Rennbahn selbst kann ich nicht einsehen, ebenso ist mir der Blick auf die Zuschauertribüne versperrt. Aber ich höre das Rufen und Applaudieren der Menschen und die galoppierenden Hufe der Pferde. Abends auf der Terrasse klingen laute Musik und Feierlaune zu uns herüber. Welches Pferd hat gewonnen, wer hat den Sieg davongetragen und Geld in die Kassen der Wettenden gespült?

Diese Situation ist eine ganz andere als bei dem Pferd auf der grünen Wiese. Die Pferde auf der Rennbahn rennen und galoppieren ebenfalls, aber auf festem, vorbestimmten Parcours. Hier geht es um Leistung und darum, als Erster am Ziel, also besser, schneller, weiter als die anderen zu sein. Das Publikum johlt und applaudiert.

Ein Leben auf der Bühne, im Außen, ist auf die Dauer äußerst anstrengend. Hier geht es zwar um Pferde, aber ich finde einige Parallelen zu uns Menschen. Auch wir brauchen den Applaus, brauchen es, dass man uns in unserem Tun und noch viel mehr in unserem Sein bestätigt. Rennpferde werden nach ihrer Leistungsfähigkeit beurteilt. Man schaut sie sich an unter den Aspekten: Wie schnell sind sie? Wie viel Ausdauer haben sie? Was kann man ihnen zumuten? Was bringen sie ein? Haben sie die Chance auf einen Sieg? Nun denken Sie vielleicht: Bei Rennpferden mag es so sein, aber trifft das auch auf Menschen zu?

Leider werden auch wir Menschen oft genug auf Leistung getrimmt. Es ist die Spannung zwischen unserem Tun und unserem Sein. »Das hast du gut gemacht!«, »Wir sind stolz auf dich!« – wer hört das nicht gern? Doch was passiert, wenn wir nichts mehr leisten können, zum Beispiel aufgrund einer Krankheit? Dann entscheidet nicht mehr das, was wir tun, sondern das, was wir sind. Neulich sagte mir eine Frau: »Sie haben eine ungeheure Ausstrahlung!« Dieser Satz hat mich sehr ermutigt, viel mehr, als wenn sie eine Fertigkeit oder irgendeine Aktion von mir gelobt hätte. Diese Frau hat damit etwas über mich selbst, über mein Sein ausgedrückt. Sie hat mich als Person gesehen.

Genau das brauchen wir, um uns zu zeigen, wie wir sind, Bestätigung in unserem Sein. »Ich mag dich. Ich freue mich, dass du da bist. Deine Gegenwart tut mir gut. Du bist ein wunderbarer Mensch!« Wie wichtig ist es vor allem für ein Kind, dies zu hören. »Ich liebe dich um deiner selbst willen.« Nur, wenn wir diese Sicherheit haben, um unserer selbst willen geliebt zu sein, können wir uns auch ein Scheitern erlauben. Nur auf diesem Boden sind Fehler keine Katastrophe, sondern eine Chance und ein Übungsfeld. Haben wir diese Basis nicht, sind wir gezwungen, nach außen gut zu funktionieren, sind auf den Applaus der Zuschauer angewiesen, die in uns nur unsere Funktion und unsere Leistung sehen. Ja, wir müssen sogar noch besser als die anderen sein, um in der Menge der Galoppierenden nicht unterzugehen, sondern beachtet zu werden.

Das springende Pferd auf der Wiese kann auch trainiert werden, aber es hat die Möglichkeit, sein eigenes Potenzial zu entfalten. Dabei macht es nicht unbedingt eine gute Figur. Nein, es wirkt sogar komisch und lächerlich, wie es über die Weide springt. Trotzdem fasziniert es mich, denn sein Verhalten ist sprühende Lebendigkeit, sozusagen das pralle Leben, und zeigt mir, was in dem Pferd steckt.

Wenn wir dagegen wie ein Rennpferd nach außen perfekt funktionieren wollen oder müssen, bleibt unser Sein, unser Selbst mit seinem Potenzial, aber auch mit seiner Sehnsucht und Trauer im Stall zurück, nach außen unsichtbar, gut versteckt und perfekt getarnt. Schlimm ist es – oder sollte ich es gut nennen? –, wenn die »Zuschauer« aufhören zu applaudieren, weil sie nur noch genervt sind von der vermeintlichen Stärke, die wir nach außen demonstrieren – so wie ich es bei Klaus erlebt habe.

Tarnung

Ich lerne Klaus während meiner theologischen Ausbildung kennen. Für mich gehört er nicht gerade zu den Sympathieträgern. Auch den anderen Kommilitonen geht er manchmal gehörig auf die Nerven. Er redet zu viel und zu laut, muss zu allem und jedem einen Kommentar abgeben, zieht es ins Lächerliche oder bagatellisiert es. Gleichzeitig kommt er als der Wissende daher, der alles schon kennt, den totalen Durchblick hat und weiß, wie Probleme zu lösen sind.

An einem Abend kommen wir von einem Einsatz zurück. Die anderen vom Team sind schon ausgestiegen. Ich sitze allein mit Klaus im Auto und will gerade die Tür öffnen, als er plötzlich sagt: »Mir ist klar, dass ich euch auf die Nerven gehe. Aber weißt du, eigentlich bin ich ganz anders. Ich fühle mich total unsicher und habe Angst, nicht anerkannt zu werden. Meine große Klappe hilft mir, meine Angst zu kaschieren. Das macht keinen Spaß, glaub mir!«

Ich bin wie vor den Kopf gestoßen. Ist dieser in sich zusammengekauerte Mann tatsächlich derselbe, mit dem wir es sonst zu tun haben? Wir reden noch lange an diesem Abend. An die genauen Inhalte dieses Gesprächs erinnere ich mich nicht mehr. Aber ich weiß, dass meine Einstellung zu ihm sich seitdem grundlegend verändert hat.

Wie unendlich anstrengend ist solch ein Leben »auf der Bühne«, wie kraftraubend muss es sein, Stärke und Überlegenheit zu zeigen, wenn einem in Wahrheit das Herz in die Hose rutscht!

Hat Klaus unsere Ablehnung gespürt? Hat ihn das veranlasst, nun wenigstens bei mir ehrlich zu sein? Wie wäre es gewesen, wenn dieser verängstigte, kleine Junge in ihm sich hätte zeigen dürfen?

Wenn er gemeinsam mit dem Erwachsenen »aus dem Stall« gekommen wäre? Hätte er einen Raum gefunden? Hätten wir ihn aufgefangen? Dann hätte er sich nicht so anstrengen müssen.

Stärke zu demonstrieren kostet Kraft. Wenn wir mit aller Kraft versuchen, unsere Ängste und Schwächen zu verheimlichen, raubt uns das Lebensenergie. Haben wir einmal gezeigt, dass wir nicht vollkommen sind, haben die anderen unsere Fehler gesehen und uns nicht beschämt, nicht ausgebuht, sondern sind uns wohlwollend begegnet, kann uns das geradezu anspornen. Wir fühlen uns befreit vom Erwartungsdruck. Diese Freiheit fördert unser inneres Potenzial zutage. Es zeigt sich erst, wenn alle Masken fallen, wenn unsere Unzulänglichkeiten sich nicht mehr vertuschen lassen. Wie heißt es so schön: »Ist der Ruf erst ruiniert, lebt es sich ganz ungeniert.« Manchmal zeigt sich die Wahrheit dieses Satzes auf eine eher komische Art wie bei der folgenden Begebenheit.

In einem sogenannten Freitagsgottesdienst, einem Gottesdienst für Gäste mit anderen als den gewohnten Formen, führen wir zu dritt ein Theaterstück auf. Die erste Szene beginnt mit einem Mitspieler, der als mein Ehemann eine Frage an mich richtet. Er ist startklar, ich noch nicht, denn mein Headset hat sich in meinen Haaren verfangen. Das Mikrofon sitzt nicht vor meinem Mund, wo es eigentlich hingehört, sondern exakt vor meinem Auge, versperrt mir also die Sicht. Mein »Ehemann« merkt davon nichts, sondern spricht seinen Text und schaut mich erwartungsvoll an. Ich antworte nicht, sondern fummle erfolglos an meinem Headset herum. Mein Mitspieler wiederholt unterdessen seine Frage.

Mir ist das alles äußerst peinlich, deshalb werfe ich ihm einen giftigen Blick zu. »Meine Güte, sieht er denn nicht, dass ich noch nicht startklar bin?«, denke ich. Schließlich spreche ich es aus. »Moment, ich bin noch nicht so weit, ich habe hier ein kleines Problem!« Jetzt, wo es ausgesprochen ist, kann mir mein Mitspieler helfen, das Headset aus meinen Haaren zu befreien. Wir alle lachen, auch das Publikum.

Das ist nun wahrhaftig keine große Sache gewesen, lächerlich geradezu. Und trotzdem hat mich diese Situation etwas Wichtiges gelehrt. Vorher bin ich innerlich angespannt gewesen in dem Wunsch, gut zu sein, meine Rolle gut zu spielen. Nach diesem haarigen Ereignis fällt dies alles von mir ab. Eine heilsame Gleichgültigkeit macht sich in mir breit, und ich fühle eine unglaubliche Freiheit in mir. Diese Freiheit zeigt sich in meinem Theaterspiel, wie mir im Nachhinein Zuschauer erzählen.

Ein Leben jenseits von Anstrengung hat etwas mit Loslassen und Echtsein zu tun, damit, sich zu zeigen, wie man eben ist. Das braucht ein gesundes Selbstbewusstsein, ein Bewusstsein meiner selbst. Wie viele Menschen aber wurden in ihrem Selbst abgelehnt! Das Kind konnte sich nicht entfalten, nicht zu einem gesunden erwachsenen Menschen heranwachsen. Es wurde verkrümmt oder ihm wurde sogar »das Rückgrat gebrochen«. Der Familientherapeut John Bradshaw schreibt: »Die größte Verletzung, die man einem Kind zufügen kann, ist die Zurückweisung seines wahren Selbst!«[2]

Wie geschieht das? Es müssen nicht immer schwerste Verletzungen sein wie Gewalterfahrungen im Elternhaus. Ablehnung und Ignoranz reichen schon aus, um eine Kinderseele zu »verkrümmen«.

Angelika, eine Frau in der Beratung, sagte mir einmal: »Ich möchte ein Wildpferd sein. Als Kind war ich das auch – ungeheuer lebendig und voller kreativer Ideen. Doch zu Hause war ich so nicht erwünscht. Es gab viele Verbote und Vorschriften, wie man zu sein hat. Ich spürte, dass meine Mutter mir nur Zuwendung gibt, wenn ich mich ihren Erwartungen gemäß verhalte. So habe ich gelernt, mich selbst zu reglementieren. Das hat sich in meinem Leben als Erwachsene fortgesetzt. Heute traue ich mich nicht mehr heraus, lebe stattdessen nur noch angepasst und habe meine Antennen weit ausgefahren nach den Erwartungen der Menschen.«

Die innere Unsicherheit zeigt sich bei Angelika ganz anders als bei Klaus. Sie gleicht sie nicht mit nach außen demonstrierter Stärke aus. Stattdessen passt sie sich ihrer Umwelt an, lebt geradezu wie ein Chamäleon, unauffällig und angepasst. Doch auch dieses Leben ist anstrengend, denn so muss sie ständig ihre inneren

Antennen ausfahren und schauen, was von ihr erwartet wird, um diesen Erwartungen zu entsprechen.

Letztlich ist jedes Leben anstrengend, in dem ich nicht ich selbst bin, sondern – in welcher Weise auch immer – anderen gefallen muss, um zu überleben. Wir alle brauchen Liebe und Zuwendung wie die Luft zum Atmen – umso mehr ein Kind von seinen Bezugspersonen.

Sind denn nun Ge- und Verbote falsch? »Regeln müssen doch sein«, denken Sie vielleicht. Lassen Sie es mich an einem Tierbeispiel deutlich machen.

Hunde haben in meinem Leben schon immer eine große Rolle gespielt. Schon als Kind liebte ich sie heiß und innig. Während meiner Kindheit hatten wir einen schwarzen Mischlingshund namens Mohrle. Im Allgemeinen wurde er so erzogen wie die meisten Hunde zu jener Zeit. Tat er etwas, was er nicht sollte, wurde er bestraft, machte er etwas richtig, wurde er belohnt, die klassische Konditionierung also. Da ich die meiste Zeit mit ihm verbrachte, lernte ich ihn am besten kennen, nicht nur sein Wesen, sondern auch seine Affinitäten. Was steckte in ihm, was tat er gern, was bot er an? Natürlich stellte ich mir als Kind diese Fragen nicht. Ich nahm es einfach ganz kindlich wahr und baute mit Mohrle zusammen diese Fähigkeiten aus. Das machte uns beiden Spaß und so stellten wir bald ein richtiges kleines Zirkusprogramm auf die Beine. Ich war mächtig stolz darauf. Mein Hund und ich waren ein tolles Team!

In der Hundeerziehung spricht man hier vom Formen. Man nimmt das auf, was an Fähigkeiten und Affinitäten und damit auch an Potenzial in einem Hund steckt, fördert es und lenkt es so in die richtigen Bahnen. Das ist mehr als Konditionieren, mehr als Ge- und Verbote. Das setzt voraus, dass der Hund wirklich gesehen wird. Das kann man auch auf den Umgang mit Kindern übertragen. Ein Kind wirklich zu sehen, fordert Respekt vor diesem kleinen Wesen, das schon eine Persönlichkeit ist und nicht erst werden muss. Es trägt schon jetzt ein Potenzial in sich, das sich im Laufe des Lebens mehr und mehr entfalten darf. Dieser kleine Mensch muss nicht zu dem werden, was die erwachsenen Bezugspersonen sich wünschen, sondern zu dem, was er ist.

Lernt ein Kind aber, dass es einer Erwartung entsprechen muss, um zu gefallen und akzeptiert zu werden, geht es in eine Art Rebellion wie Klaus oder in ein Leben der Anpassung wie Angelika.

Tatsächlich kann so ein angepasstes Leben, ein »Rennen« auf der vorgeschriebenen Bahn, geradezu betäubend wirken. Der Applaus bestärkt mich. Ich muss mich meiner Sehnsucht und meinen Enttäuschungen nicht stellen, funktioniere stattdessen, und mit mir funktioniert das Leben. Also: Deckel drauf. Das Wildpferd bleibt im Stall. Das wahre Selbst ist eingesperrt im Käfig.

Wie gut kann ich das nachvollziehen, kenne ich es doch aus meinem eigenen Leben!

Anpassung

In meiner Erziehung gab es den alles prägenden Satz: »Was sollen denn die Leute sagen!« Ich bin mir nicht einmal sicher, ob dieser Satz jemals so ausgesprochen wurde, aber er wurde gelebt, vor allem von meiner Mutter und meiner Oma.

Wir lernen auch durch Nachahmung, und so lernte ich von meiner Mutter: »Pass dich an, tu, was die Leute von dir erwarten, dann bekommst du keinen Ärger. So ist es richtig. So geht Leben.«

In meiner Kindheit fühle ich mich manchmal wie ein Radargerät, ständig auf Empfang eingestellt, um atmosphärisch wahrzunehmen, was »man« von mir erwartet. Da wir in einem alten Gemeindehaus wohnen, unter uns der Gemeindesaal, sind wir sozusagen ständig unter Beobachtung. Unsere Wohnküche wird getragen von einem alten Holzboden, äußerst geräuschempfindlich. Bei jedem Schritt knarrt es unter den Füßen. Nur nicht stören – zumindest während einer Gemeindeveranstaltung –, nicht aufzufallen ist die Devise.

Möglichst alle Menschen, vor allem die Christen, zufriedenzustellen und sie nicht vor den Kopf zu stoßen, ist in meiner Kindheit ein tragendes Element und, wie ich damals glaube, Christenpflicht. Das zieht sich weiter durch mein Leben. Als 1983 mein Mann seinen ersten Dienst als Pastor in einer Gemeinde antritt, bleiben meine Antennen ausgefahren. Es gibt einen Motor, der mich antreibt: Ich möchte eine gute Pastorenfrau sein, ich will es richtig machen. Für mich steht ganz außer Frage, dass auch Gott das möchte, und ich bin sehr stolz, dass ich eine klassische Pastorenfrau bin und mich deutlich von den rebellischen jungen Pastorenfrauen abgrenze, die nicht mehr in dieses Bild passen.

Einmal im Jahr gibt es eine sogenannte theologische Woche aller Pastoren des Bundes Freier evangelischer Gemeinden (FeG). Parallel dazu treffen sich die Pastorenfrauen an einem anderen Ort und behandeln »ihre« Themen. Zu dieser Zeit nehme ich regelmäßig daran teil. Und da gibt es sie, die etwas rebellischeren Frauen, die sich nicht mehr in ein Bild pressen lassen wollen, wie eine gute Pastorenfrau zu sein hat. Innerlich nehme ich Abstand von ihnen, ja, verachte sie sogar ein wenig, finde es nicht in Ordnung, was sie sagen und vertreten. Dabei will ich mir nicht eingestehen, dass tief in meinem Inneren eine Sehnsucht steckt, es ihnen gleichzutun. Erst sehr viel später – es mag Ihnen seltsam erscheinen – begreife ich, dass ich als Frau eines Pastors meine eigene Berufung leben darf und dass dies nicht bedeutet, dass ich meinem Mann in den Rücken falle und ihm meine Unterstützung versage.

Unsere Anpassungsfähigkeit kann tatsächlich so extrem werden, dass wir aus Angst vor Ablehnung, aus Angst, nicht zu genügen, zum Schluss nicht mehr wissen, wer wir selbst sind. Andere, die sich trauen, anders zu sein, machen uns wütend und lassen uns unser Urteil fällen, nicht selten garniert mit frommen Argumenten. In Wahrheit ist dies eine Strategie der Vermeidung, um uns nicht unserer eigenen Unzufriedenheit zu stellen. Denn wenn ich wirklich in mir ruhe, zufrieden und ausgefüllt in meinem Sein und Tun, habe ich die Freiheit, den anderen in seiner Überzeugung stehen zu lassen, und muss ihn nicht be- oder sogar verurteilen. Ich kann es mir leisten, wirklich hinzuhören, ja sogar seine Gedanken mitzudenken, ihn auf seinem Gedankenweg ein Stück zu begleiten, um zu spüren, wie es wäre, wenn er recht hätte. Wie würde es sich anfühlen? Das wäre gelebte Freiheit.

Bin ich mir aber meiner selbst nicht sicher und muss ich mich nach außen richten, um meine Position zu erhalten, ist es nur allzu verständlich, dass ich den ohnehin unsicheren und schwankenden Boden unter meinen Füßen nun vollends verliere. Dann stellt ein Andersdenkender nicht nur meine Meinung und Überzeugungen infrage, sondern letztlich mich als Person. So ist es bei mir lange Zeit gewesen. Alles, was anders war als gewohnt, und jede Kritik zog mir förmlich den Boden unter den Füßen weg. Alles hatte existenzielle Bedeutung für mich.

Vieles von dem, was ich beschrieben habe, geschieht allerdings unbewusst und ist deshalb schwer zu durchschauen. Wir bekommen es selbst nicht mit und spüren nur, dass es wehtut, diesen anderen Meinungen und Ansichten zu begegnen. Deshalb vermeiden wir Konflikte, gehen ihnen aus dem Weg, wünschen uns stattdessen Harmonie, völlige Übereinstimmung. Manchmal flüchten wir auch ganz allgemein vor Gefühlen, legen uns einen Panzer an, der uns schützen soll. Gefühle, die wir bei anderen sehen, stecken wir in eine Schublade mit der Bezeichnung »zu emotional«. Darunter verstehen wir dann so etwas wie »irrational«, ohne Bodenhaftung.

Dieser Panzer trennt uns aber nicht nur von den Gefühlen der anderen, sondern auch von unseren eigenen Gefühlen, die wir leugnen und denen wir uns nicht stellen wollen. Er trennt uns damit letztlich von uns selbst und das ist das Tragische daran.

Vermeidung

Wir befinden uns in Hamburg auf dem ersten deutschen Willow-Creek-Kongress der Community-Church aus den USA, einer modernen Freikirche. Während der Veranstaltung sitzt ein junger Pastor eine Reihe hinter mir. In der Pause grüßen wir uns kurz und plaudern ein wenig über den Kongress. »Hoffentlich singen wir dieses schreckliche Lied nicht mehr!«, sagt er plötzlich. Er meint ein Lied, das sehr emotional ist und hier schon häufig gesungen wurde. Ich erwidere nichts darauf, denn mir gefällt das Lied, ich möchte mich aber nicht mit ihm anlegen, da ich den Konflikt scheue.

Bald geht die Veranstaltung weiter, das Musikteam betritt die Bühne. Es dauert nicht lange, da wird das besagte Lied angestimmt. Seltsamerweise kann ich es nun auch nicht mehr wirklich genießen. Zwischendurch schaue ich mich verstohlen nach meinem Gesprächspartner von vorhin um. Er hat seine Brille abgenommen und wischt sich über die Augen. Er kämpft mit den Tränen! Das berührt mich und ich schließe daraus: Wir wollen das vermeiden, wovor wir Angst haben. Möglicherweise bringt es uns mit einer Seite in Berührung, die tief vergraben in uns schlummert und aus irgendeinem Grund nicht leben durfte. Das wiederum bedeutet Begegnung mit dem Schmerz. Ich bekomme Verständnis für den Pastor und seine Ablehnung des Liedes. Und ich wünsche ihm von Herzen, dass er den Mut bekommt, nicht weiter gegen seine Tränen zu kämpfen, sondern sich seinen Gefühlen zu stellen.

Unsere Gefühle sind ein riesengroßes Geschenk. Sie spielen in unserem Leben eine viel größere Rolle, als wir meinen, auch dann, wenn wir sie verdrängen. Dann allerdings agieren sie eigenwillig und eigenständig und bestimmen erst recht unser Leben, tun damit genau das, was »Gefühlsgegner« so sehr als drohende Gefahr sehen. Inzwischen hat man herausgefunden, dass unsere Entscheidungen weitestgehend aufgrund von Gefühlen getroffen werden, und dass wir am ehesten die Ereignisse in Erinnerung behalten, die mit intensiven Gefühlen verknüpft sind. In manchen hitzigen Diskussionen, in denen die vermeintliche Sachlichkeit betont wird, sind so deutlich unterschwellige Emotionen spürbar, dass man meint, sie mit Händen greifen zu können.

Ich selbst war früher in jeglicher Vermeidungsstrategie sehr geübt, auch darin, Konflikten aus dem Weg zu gehen, wie im Gespräch mit diesem Pastor. Heute weiß ich, dass meine Konfliktscheue meine Angst vor Ablehnung zeigt. Streitkultur und Auseinandersetzungen auf Augenhöhe gab es in meiner Familie nicht.

Verschiedener Meinung zu sein, war ja schon schlimm genug, aber streiten, sich argumentativ auseinandersetzen, dabei auch mal lauter werden, das erzeugte in mir immer ein schlechtes Gewissen, denn Einheit untereinander ist doch ein wichtiges Merkmal für Christen, wie die Bibel sagt (Johannes 17,20-21).

Auch heute liebe ich Konflikte nicht und gehe ihnen lieber aus dem Weg, halte sie aber inzwischen für gesund und notwendig. Ich versuche deshalb, mich ihnen zu stellen und nicht mehr vor ihnen zu flüchten oder mich zu verbiegen, wie ich es in der Vergangenheit oft getan habe.

Meine Vermeidungsstrategie brachte mich sogar manchmal dazu, Wissen vorzutäuschen, das ich nicht hatte. Ich tat so, als hätte ich ein bestimmtes Buch ebenfalls gelesen oder nickte verständnisvoll, wenn ich keine Ahnung hatte, wovon gesprochen wurde. Als Kind fühlte ich mich dumm; die anderen wussten und konnten mehr als ich. Aber ich traute mich nie, Fragen zu stellen, denn die hätten ja meine Unwissenheit entlarvt; deshalb bekam ich keine Antworten und konnte mein Wissen nicht erweitern.

Wie sehr beneide ich heute Kinder, die ununterbrochen Fragen stellen. Mein Neffe, der inzwischen erwachsen ist, war so einer. Ich erinnere mich gut, wie sehr er uns früher mit Fragen bombardieren und manchmal auch nerven konnte. Was ist das? Was bedeutet das Wort? Warum ist das so? Wieso? Warum, hä? Beneidenswert!

Doch neben Tarnung, Anpassung und Vermeidung gibt es noch eine andere äußerst anstrengende Art, auf der Rennbahn unterwegs zu sein.

Überverantwortung

O ja, sie sind beliebt, die Menschen, die für alles und jedes Verantwortung übernehmen, in jede Lücke hineinspringen. Wenn Not am Mann oder an der Frau ist, sind sie sofort zur Stelle.

Sollte man sich nicht über diese Menschen freuen? Sie tun es doch gern! Und brauchen wir sie nicht auch?

In der Tat, wir brauchen sie. Was wäre, wenn es sie nicht gäbe, die Arbeitswilligen, die Menschen, die immer schon in den Startlöchern stehen und mit den Hufen scharren? Auch sie selbst brauchen das ganz offensichtlich, um ihrem Leben einen Sinn zu geben. Sollten wir sie darin nicht unterstützen? Was daran ist bitteschön verkehrt?

Gebraucht zu werden, etwas zu bewirken, wichtig für andere Menschen zu sein, gehört zu unseren Grundbedürfnissen und ist ein wahres Geschenk. Doch es gibt Menschen, die meinen, sich um alles kümmern, alles richten zu müssen. Wenn irgendetwas nicht klappt, schreiten sie sofort zur Tat. Dadurch wirken sie manchmal regelrecht getrieben in ihrer Aktivität, wie in einem Hamsterrad, bis sie irgendwann völlig erschöpft zusammenbrechen. Das ist vor allem deshalb so fatal, weil es in christlichen Kreisen, das heißt, in Kirchen und Gemeinden, häufig als besonders vorbildhaft und christlich angesehen wird, Verantwortung zu übernehmen. Auch das kenne ich von mir selbst. Als Pastorenfrau habe ich eine besondere Verantwortung. Das hat sich fest in meinem Gehirn verankert. Und so wird es – zumindest früher – auch vermittelt. Mein Mann und ich sind ein Aushängeschild, was die Ehe betrifft. Ich soll meinem Mann den Rücken freihalten, damit er seinen Dienst tun kann. Mit dieser Vorbildfunktion fördern oder verhindern wir beide das geistliche Wachstum der einzelnen Gemeindeglieder. Was für eine Überforderung für uns und was für eine Bevormundung der Gemeinde! Nein, ein Pastor trägt keineswegs die Verantwortung für die Gemeindeglieder, denn es handelt sich ja nicht um minderjährige Schutzbefohlene, sondern um Erwachsene. Er trägt die Verantwortung für seinen Dienst als Pastor, nicht mehr und nicht weniger. Sogar in unserer Ehe trage ich nur die Verantwortung für meinen eigenen Part als Ehefrau, nicht aber für meinen Mann, ebenso wenig er für mich.

Mit Überverantwortung und Uns-Kümmern können wir im Gegenteil Wachstum verhindern und Menschen, denen wir helfen und die wir unterstützen wollen, in Wahrheit schaden. Dies tun wir beispielsweise, wenn wir Schritte gehen, die nur der Betreffende selbst gehen kann, wenn wir Entscheidungen treffen, die er selbst treffen muss, oder wenn wir den Prozess einer Krise abkürzen wollen, der für ihn wichtig ist, um heil zu werden.

In anderen Situationen benötigt ein Mensch zwar Hilfe und Unterstützung, aber nicht jeder ist dafür qualifiziert, diese auch zu leisten. So ging es Martha.

Als die junge Frau mich eines Tages aufsucht, hat sie schon vieles ausprobiert. Sie ist am Ende und braucht dringend Hilfe. Darum bittet sie mich um ein seelsorgerliches Gespräch. Ich bin voll motiviert, ihr zu helfen. Martha tut mir leid und ich fühle mich verantwortlich, denn sie wendet sich an mich als Christin. Aus dem einen Termin werden viele. Ich habe damals keine Ahnung von Therapie, hänge außerdem in meinen eigenen Themen fest. Aber es ist meine Christenpflicht, ihr zu helfen, so denke ich. Bald spüre ich, dass mich ihre Lebenssituation überfordert. Es bewegt sich nichts. Wir kommen nicht weiter. Dabei möchte ich doch ihr Problem lösen. Ich gebe mir so viel Mühe!

Nach endlos vielen Besuchen und Gesprächen bricht es irgendwann aus mir heraus wie ein Vulkan. Ich bin völlig erschöpft, weiß keinen Rat mehr. Hier und jetzt bekommt sie meine Stacheln zu spüren. Ich mache ihr zum Vorwurf, dass sie eigentlich gar keine Veränderung will, und behaupte, dass es an ihr liegt, dass wir nicht weiterkommen.

Später entschuldige ich mich bei ihr. Trotzdem sind unsere Gespräche von da an abrupt beendet.

Ich bin nicht stolz auf diese Episode. Das war wahrlich keine Glanznummer und ich habe Martha mit meinen Worten verletzt. Aber ich habe es damals nicht durchschaut. Ich hätte ihr viel früher reinen Wein einschenken müssen. Es ist keine Schande, seine Grenzen einzugestehen und Menschen an Experten weiterzuleiten. Möglicherweise wäre sie nicht zu einem Experten gegangen. Mag sein, dass es tatsächlich an ihr gelegen hat, dass sie nicht weiterkam. Aber auch dann hätte ich es viel früher abgeben müssen. Ich habe – zumindest in der ersten Zeit – Verantwortung für sie übernommen, habe es aber versäumt, Verantwortung für mich und meine Arbeit zu übernehmen, denn nur diese Verantwortung habe ich wirklich.

Wie oft mögen sich Dinge in dieser oder ähnlicher Form wiederholen? Wie viele Menschen im seelsorgerlichen Bereich und in sozialen Berufen fühlen sich überfordert, stehen kurz vor einem Burn-out oder befinden sich schon mittendrin?

Wie gut tut es mir heute, wenn ich beispielsweise in eine Team-Supervision komme und mir selbst eingestehen kann, dass ich nicht dazu da bin, die Probleme des Teams zu lösen. Das ist nicht meine Verantwortung. Ich kann das Team ein Stück begleiten, von außen einen Blick darauf werfen und die Teammitglieder daran teilhaben lassen, sie ermutigen, Wege zu finden, Schritte zu gehen, mehr nicht. Das befreit nicht nur mich, sondern letztlich auch die Menschen, mit denen ich arbeite. Ich selbst befinde mich dann nicht in der Ich-Drehung, sondern viel mehr beim anderen, bin frei, hin- und zuzuhören, anstatt innerlich schon mit meinen Lösungen beschäftigt zu sein.

Auch unsere Überverantwortung – wie das anstrengende Leben generell – ist nicht selten unseren Kindheitserlebnissen geschuldet.

Da ist die Mutter, die ihre Eheprobleme nicht mit ihrem Mann austrägt, sondern sie stattdessen mit ihrer Tochter oder ihrem Sohn bespricht. Da sind die Eltern, die sich Trost bei den Kindern suchen und sich von ihnen »bemuttern« lassen. Da ist das Kind, das nach einer Totgeburt oder einem verstorbenen Kind geboren wird und dieses unbewusst ersetzen soll. Diesen Kindern ist gemein, dass sie Verantwortung übernehmen, die sie nicht haben, und damit schon früh zu kleinen Erwachsenen und um ein Stück ihrer Kindheit beraubt werden. Gerade in der Nachkriegsgeneration steckt das drin, denn diese Kinder mussten oft Verantwortung übernehmen, weil beispielsweise der Vater im Krieg gefallen war. Was bleibt einem Kind, das auf die Zuwendung und Liebe der Bindungsperson angewiesen ist, anderes übrig als zu funktionieren, den Erwartungen zu entsprechen und das auch später als Überlebensstrategie zu verfestigen?

Doch auch heute werden Kinder nicht selten wie kleine Erwachsene behandelt, sollen beispielsweise Entscheidungen treffen, zu denen sie noch gar nicht in der Lage sind, werden verantwortlich gemacht, sollen Situationen erkennen und richtig einordnen, für die eindeutig der Erwachsene und nicht das Kind zuständig ist.

Vor einer roten Ampel sehe ich eine Frau mit einem etwa zweijährigen Kind an der Hand. Das Kind will weiterlaufen. Die Frau zerrt es am Arm und schimpft: »Kapierst du nicht? Die Ampel ist rot!« Nein, das Kind kapiert es in der Tat nicht. Wie sollte es auch mit gerade mal zwei Jahren?

Ereignen sich solche Dinge öfter, lernen wir vor allem eines: Ich bin schuld. – Egal was passiert, auch wenn es gar nichts mit mir zu tun hat, ich hätte mich kümmern müssen, hätte es vermeiden müssen. Ich bin schuld, dass die Eltern sich streiten. Ich bin schuld, dass Mama krank ist. Ich bin schuld, dass Papa überarbeitet ist.

So basiert Überverantwortung nicht selten auf diffusen Schuldgefühlen und dem Wunsch, irgendetwas wiedergutzumachen.

Erschütterung der Seele

Dies sind nur einige Beispiele für Überlebensstrategien, die Kinder im Laufe ihres Lebens entwickeln. Sie leisten damit Unglaubliches. Diese Kinder sind wahre Helden und verdienen unseren Respekt, unsere Wertschätzung. Denn sie selbst sind nicht schuld an dieser Entwicklung, sondern mussten Strategien entwickeln und waren gezwungen, Scheinidentitäten aufzubauen. Oft mussten sie versuchen, sich selbst zu schützen, obwohl sie dazu nicht in der Lage sind. Es braucht nicht viel, um die Seele eines Kindes zu erschüttern. Im täglichen Leben entdecke ich viele Beispiele.

Im Supermarkt sehe ich eine Mutter mit ihrer kleinen Tochter. Das Mädchen hüpft fröhlich neben dem Einkaufswagen her. Und schon ertönt die energische Stimme der Mutter: »Geh gefälligst vernünftig, du bist doch kein Junge!« Warum wird die Freude des Mädchens gehemmt? Und wozu dient dieser stereotype Zusatz?

Aus meinem geöffneten Autofenster beobachte ich vor einer Ampel, wie ein Vater sich wutentbrannt und mit drohenden Gebärden über seinen kleinen Sohn beugt, der hinten auf dem Fahrrad im Kindersitz sitzt, und das kleine Wesen so laut anbrüllt, als wäre es viele Meter entfernt.

Einmal begegnet mir ein Vater mit zwei Kindern. Das eine sitzt im Kinderwagen, das kleine Mädchen läuft neben ihm her und versucht, mit ihm Schritt zu halten. Er telefoniert mit seinem Handy, scheint über irgendetwas sehr verärgert zu sein. Das zeigt sich nicht nur an seinem harschen Ton, sondern auch an der Art, wie er den Kinderwagen vor sich hertreibt. Das Mädchen möchte ihm etwas zeigen und ruft: »Papa, guck mal!« Doch der Vater brüllt es an: »Halt die Klappe! Du siehst doch, dass ich telefoniere!«

Ich selbst wohne direkt neben einem Kindergarten. Ich nehme immer wieder wahr, wie gestresst Väter oder Mütter sind, wenn sie ihre Kinder in der Kita abliefern und wie müde und erschöpft, wenn sie diese wieder abholen. Ja, ich verstehe es durchaus, dass die Nerven mit einem durchgehen, dass man explodiert oder die eigene Wut an einem Kind auslässt. Vielleicht denken Sie beim Lesen, dass jedes Kind irgendwann so etwas erlebt und dass ein Kind durch eine oder mehrere solche Begebenheiten doch nicht gleich ein Trauma erleidet, das sich zu einer Belastungsstörung entwickelt. Das ist richtig. Deshalb möchte ich an dieser Stelle kurz beschreiben, was man unter einem Trauma versteht.

Ein wichtiger Unterschied

Das griechische Wort »Trauma« bedeutet »Wunde, Verletzung«.[3] In der Medizin wird der Begriff für eine Verletzung verwendet, die durch einen Unfall oder Gewalteinwirkung entsteht. Diese Verletzung ist nicht immer äußerlich sichtbar, wie zum Beispiel ein Schleudertrauma. In der Psychologie wird der Begriff für eine starke seelische Erschütterung verwendet, die durch ein Ereignis entsteht, das so gravierend ist und unser Gehirn dermaßen in Bedrängnis bringt, dass es nicht mehr auf angemessene Art reagieren und das Geschehene verarbeiten kann.[4] Angemessen wäre es zum Beispiel, bei plötzlicher Gefahr zu fliehen oder zu kämpfen. Doch ein Kind, das häusliche oder sexuelle Gewalt durch eine Bindungsperson erfährt, ist hierzu nicht in der Lage. In diesem Fall bleibt dem kindlichen Gehirn nur das Einfrieren oder das Abspalten des Geschehenen. Doch die Erfahrung ist damit nicht verschwunden, sondern wird bei späteren Auslösern, sogenannten Triggern, erneut durchlebt. Diese Auslöser können ähnliche Situationen, Gerüche, Geräusche und Begegnungen sein. In diesem Fall spricht man von einer posttraumatischen Belastungsstörung, kurz PTBS.

In meiner eigenen Geschichte habe ich erlebt, wie der Missbrauch durch meinen Vater völlig aus meiner Erinnerung gelöscht, also abgespalten war. Geriet ich in Situationen, die mich überforderten und meine Ohnmachtsgefühle von damals hervorriefen, tauchte ich innerlich ab und fühlte mich wie in einer Dunstglocke. Eine Starre zog sich spürbar durch meinen ganzen Körper.

Die Psychotherapeutin Michaela Huber macht einen deutlichen Unterschied zwischen einem Trauma und einem »nur« belastenden Lebensereignis. Letzteres kann selbstverständlich auch Auswirkungen auf das Leben haben. »Damit ein Ereignis aber zum Trauma für einen Menschen werden kann, muss eine Dynamik in Gang kommen, die sein Gehirn buchstäblich ›in die Klemme bringt‹ und es geradezu dazu nötigt, auf besondere Weise mit diesem Ereignis umzugehen.«[5]

Wir sind geneigt, Traumata nach der Schwere der Ereignisse zu beurteilen. Dadurch stellen wir sie allzu leicht in Relation zueinander. Traumatisierte Menschen leiden darunter, wenn sie hören müssen: »Was du erlebt hast, ist doch gar nicht so schlimm. Da gibt es weitaus Schlimmeres.« In der Tat, wenn wir auf die Häufigkeit oder Formen sexueller oder gar ritueller Gewalt schauen, können wir sie nach Schwere und Abartigkeit, auch was die Motivation der Täter betrifft, unterschiedlich bewerten. Doch das gibt noch keinen

Hinweis auf das Trauma selbst. Wenn ein Mensch beispielsweise eine Stufe übersieht und so unglücklich fällt, dass er schwere körperliche Schäden davonträgt, kämen wir niemals auf die Idee, ihm zu sagen. »Das war doch gar nicht so schlimm. Du hast nur eine Stufe übersehen. Andere Leute fallen aus dem zweiten Stock.« Die Verletzung, die Wunde, die das Ereignis beim Opfer angerichtet hat, ist das Entscheidende. Und die ist immer beachtungs- und behandlungsbedürftig.

Interessant ist an dieser Stelle auch die Beobachtung, dass Flüchtlingskinder, die in ihrer Ursprungsfamilie Geborgenheit erfahren haben, selbst schlimmste Gewalterfahrungen auf der Flucht besser verarbeiten als Kinder, die im Elternhaus keinen sicheren Ort hatten.

Menschen, die unter einer posttraumatischen Belastungsstörung leiden, brauchen in der Regel professionelle Hilfe. Das Lesen eines Buches und das Umsetzen der Anregungen ist normalerweise nicht ausreichend, damit sie innerlich heil werden. Aus einem »falschen Leben« auszusteigen, wie ich es im nächsten Kapitel beschreibe, könnte für diese Menschen bedeuten, sich eine solche Hilfe zu suchen. Im Anhang sind Adressen professioneller Hilfsangebote aufgeführt. Manchmal ist auch dieser Schritt zu groß. Dann wäre es eine Möglichkeit, sich zunächst einem Menschen zu offenbaren, dem man vertraut. Nicht jeder kann gut mit solchen Erfahrungen umgehen. Wenn dies so ist, sollte man trotzdem nicht aufgeben und sich an jemand anderen wenden.

Auch sich wiederholende, negative Erfahrungen, die kein Trauma auslösen, können sich auf unser ganzes Leben auswirken und uns zu einem Leben auf der Rennbahn veranlassen. Eine belastete Atmosphäre, in der ein Kind aufwächst, kann sich tief in seine Seele eingraben. In den späteren Jahren werden die damit verbundenen Gefühle oft im »Stall oder Käfig« zurückgelassen. In der Psychologie spricht man vom Inneren Kind und meint damit die im Gehirn gespeicherten Gefühle, Erinnerungen und Erfahrungen aus der eigenen Kindheit.[6] Das vermeintlich Erwachsene zeigt sich im Leben und funktioniert. Das Innere Kind mit seinen Verletzungen, aber auch mit seinem Wunsch nach Lebendigkeit und seinem ungelebten Potenzial wird dann von dem Erwachsenen-Ich nicht wahrgenommen. Es bleibt zurück und verkümmert.

Doch manchmal meldet es sich ganz zaghaft, möglicherweise durch ein diffuses Gefühl: Irgendetwas stimmt nicht, läuft falsch. Wer bin ich wirklich? Befinde ich mich möglicherweise in einem falschen Leben?

Fragen:

- Bin ich auf der Rennbahn unterwegs, im Stall oder auf der Wiese?
- In welchem der Muster eines anstrengenden Lebens finde ich mich wieder? Welche Ursachen könnte es dafür geben?
- Habe ich oft versucht, aus diesem Dilemma herauszukommen, werde aber immer wieder von Ängsten übermannt?
- Wenn das so ist, bin ich bereit, (professionelle) Hilfe in Anspruch zu nehmen?

Im falschen Leben

»Ich bin im falschen Film«, »Das ist nicht mein Leben«, »Das bin nicht ich« – kennen Sie diese Sätze? Haben Sie sie selbst schon ausgesprochen oder zumindest gedacht oder gefühlt? Was bedeutet es denn eigentlich, im falschen Leben zu sein? Anders gefragt: Kennen Sie jemanden, der im »richtigen« Leben ist, und wie zeigt sich das?

Für das Gefühl »Ich bin im richtigen Leben« benutzen wir manchmal Umschreibungen wie »Ich bin angekommen!« oder sogar »Ich bin bei mir selbst angekommen!« Diesen Sätzen geht manches Mal ein »Ich bin ausgestiegen« voraus. Oft meinen wir damit die äußeren Gegebenheiten, den Arbeitsplatz, eine Beziehung, das System.

Unser Umfeld und unsere Lebenssituation können das Unterwegssein auf der Rennbahn begünstigen und fördern, so wie das Gedeihen einer Pflanze nicht nur von der Versorgung mit Nährstoffen abhängt, sondern auch durch den jeweiligen Standort begünstigt oder behindert wird. Das muss nicht so sein, aber manchmal müssen wir die äußere Situation, das kranke System verlassen, um heil zu werden, auch wenn die Ursache meist tiefer liegt. Doch was verstehen wir überhaupt unter einem kranken System?

Ein krankes System?

Mit einem System ist mehr gemeint als nur das Umfeld, der Arbeitsplatz oder die äußere Situation. Das aus dem Griechischen stammende Wort bedeutet so viel wie »das gegliederte Ganze«.[7] Es geht um Wechselwirkungen, um etwas, das in einem reaktiven Bezug zueinander steht und funktioniert. Oft sind solche Systeme nicht gleich erkennbar und deshalb schwer zu durchschauen und noch schwerer zu durchbrechen. Häufig sind diese krank machenden Systeme in Familien oder Gruppen zu finden. Sie haben immer etwas mit Machtstrukturen zu tun. Es gibt unausgesprochene Gesetze, denen die Beteiligten oft unbewusst folgen. Solche Sätze können sein »Wutausbrüche sind nicht erlaubt!« oder »Konfliktvermeidung ist oberstes Gebot.« Bei einem System sind nicht nur einzelne Menschen, sondern eine ganze Gruppe quasi auf diese Sätze abgerichtet. Die Fassade dieses Systems muss in jedem Fall aufrechterhalten bleiben. So werden Familiengeheimnisse unter den Teppich gekehrt, nach dem Motto: »Reden ist Silber, Schweigen ist Gold!« Die einzelnen Gruppen- oder Familienmitglieder haben im Laufe der Zeit eine feste Rolle eingenommen, die ihnen in der Regel nicht bewusst ist, die aber das gesamte System mitträgt.

Doch es geht auch weniger drastisch. Manchmal übernimmt ein Familienmitglied allein die Verantwortung für alles, und die anderen arrangieren sich damit oder nutzen es sogar aus.

Ich habe hier ein Beispiel vor Augen: Vater, Mutter, zwei fast erwachsene Kinder. Die Mutter Maren ist als Familienmanagerin immer und zu jeder Zeit abrufbereit und für alle und alles zuständig. Sie fühlt sich völlig überfordert, leidet immens darunter, kann es aber nicht abstellen, denn es funktioniert und hat sich im Laufe der Zeit fest etabliert. »Ich wünschte mir so sehr eine freie Zeit am Tag, in der ich nur bei mir selbst sein kann, lesen oder einfach vor mich hinträumen, eben nicht erreichbar bin. Aber es geht nicht. Schon die äußeren Gegebenheiten lassen es nicht zu«, sagt sie mir. »Wir haben nur eine kleine Wohnung. Ich besitze kein eigenes Zimmer.«

Doch irgendwann findet Maren eine Lösung. Sie sucht sich eine gemütliche Ecke im Wohnzimmer und teilt diese durch eine große Pflanze vom übrigen Raum ab. »Das ist jetzt meine Ecke«, sagt sie ihren Kindern und auch ihrem Mann. »Wenn ich hier sitze, will ich meine Ruhe haben und bin nicht ansprechbar.«

Sie hat ihr anfängliches »Das lässt sich nicht ändern« verlassen und nach einem Weg gesucht, wie es doch möglich ist.

Das hat Maren viel Überwindung gekostet. Warum? Alle haben sich daran gewöhnt, dass sie immer verfügbar ist. Um dieses funktionierende System zu durchbrechen, muss sie eine große Portion Kraft aufwenden. Sie muss »lautstark« und massiv auftreten, denn wenn ein System so lange funktioniert hat, stellt sich eine regelrechte Taubheit ein. Die Beteiligten bekommen einen leisen Protest gar nicht mit. Außerdem hat Maren auch mit ihren eigenen Schuldgefühlen und Selbstanklagen zu kämpfen. Hat sie wirklich ein Recht auf eine Zeit nur für sich? Ist es nicht ihre Pflicht, immer für ihre Familie da zu sein? Mit diesen Empfindungen hat sie das System längst verinnerlicht.

So wie Maren sind wir oft gefangen in unseren Systemen, die nicht nur unsere Freiheit und Lebendigkeit einschränken, sondern mit der Zeit auch unseren Blick vernebeln und unsere Wahrnehmung trüben. Die gute Nachricht lautet: Wir sind handlungsfähiger, als wir meinen. Es gibt Möglichkeiten des Ausstiegs.

Vor vielen Jahren habe ich in der Volkshochschule Kurse unter dem Thema angeboten: »Mein Job frisst mich auf, aber ich brauche ihn!« Ich kann mich noch genau an den ersten Abend erinnern. Eine kunterbunte Truppe ist zusammengekommen, Frauen und Männer aus sozialen oder handwerklichen Berufen oder aus dem Management. Alle sagen in der Vorstellungsrunde, dass sie sich im Beruf eigentlich am falschen Platz fühlen und dass sie das, was sie sind, was ihren Begabungen und ihren Werten und Überzeugungen entspricht, in dem System, in dem sie arbeiten, nicht leben können.

Hier zeigt sich das Dilemma, das schon im Kurstitel selbst enthalten ist. Das Gefühl: Ich hänge in einem System fest, das mir nicht liegt, ja, mich sogar krank macht. Ich möchte am liebsten aussteigen, weiß aber nicht wie. Ich befinde mich in einem Hamsterrad, bin hilflos ausgeliefert, kann nichts ändern.

All das sind äußerst krank machende Empfindungen. Vielleicht sollten wir in so einem Fall zunächst einmal unsere Haltung hinterfragen. Manchmal hilft da schon ein winziger Schritt in die andere Richtung. Denn äußere Umstände, die ich als unerträglich empfinde, werden durch meine Opferhaltung erst recht unerträglich. Vielleicht ist die vermeintliche Unabänderlichkeit sogar das Allerschlimmste, das, was mich wirklich krank macht und am Leben hindert. Hilflosigkeit und Ohnmacht sind äußerst beängstigende Zustände; sie rauben uns die Luft zum Atmen. Dagegen hilft oft schon die Vorstellung, handlungsfähig zu sein.

Hier ein kleines, eher simples Beispiel, das deutlich macht, wie allein die Vorstellung einer Handlungsfähigkeit Empfindungen und Wahrnehmungen beeinflussen kann.

Ich muss zu einer Kernspintomografie, für mich eine äußerst unangenehme Untersuchung,. Viele Menschen fürchten sich davor.

Eingesperrt in einer engen Röhre, für längere Zeit ausgeliefert, klopfende Geräusche um mich herum. Der Arzt und die Assistenten sitzen in einem anderen Raum vor dem Bildschirm. Es gibt nur eine Klingel, falls ich Hilfe brauche.

Zweimal muss ich diese Untersuchung über mich ergehen lassen. Beim ersten Mal weiß ich noch nicht, was auf mich zukommt, und die Situation ist für mich wie ein Albtraum. Beim zweiten Mal habe ich schon vorher viele Ängste, da ich die Untersuchungsmethode nun kenne. Die Assistentin versichert mir jedoch, dass alles ganz harmlos sei und ich jederzeit klingeln und um Hilfe bitten könne: »Der Alarmknopf ist gleich hier, sehen Sie?«

Aber ihre Zusicherungen beruhigen mich nicht. »Kann ich im äußersten Notfall auch allein wieder herauskrabbeln?«, frage ich schließlich.

Ihre Antwort kommt zögernd: »Nun, ja, im Notfall können Sie das natürlich. Allerdings würde ich es Ihnen nicht empfehlen, denn dann wäre die ganze Untersuchung umsonst gewesen.«

»Ich habe es auch nicht vor«, antworte ich. »Ich will nur wissen, ob ich es im Notfall könnte.«

Die Untersuchung läuft für mich dann völlig problemlos ab. Ich habe keine Angst mehr, denn ich bin nicht mehr hilflos und ausgeliefert. Ich kann mich selbst entscheiden, ob ich in der Röhre bleibe, und habe nun gar nicht mehr das Bedürfnis, dieser Untersuchung zu entfliehen.

In diesem Empfinden steckt eine tiefe Wahrheit: Wir brauchen die Wahlfreiheit. Und in der Regel haben wir sie auch, selbst dann, wenn wir es anders empfinden, weil uns die Kosten eines möglichen Ausstiegs zu hoch erscheinen.

Eine Opferhaltung dagegen macht uns krank, lässt uns innerlich verkümmern und nimmt uns die Lebendigkeit. Allein die Vorstellung von einer geöffneten Tür, und sei es nur ein kleiner Spalt, kann schon etwas in der Haltung verändern und den Zustand erträglicher machen.

Vielleicht ist es daher der erste wichtige Schritt, sich selbst zu sagen: »Ich bin nicht ausgeliefert, ich kann aussteigen, ich habe die Wahl, auch wenn es Konsequenzen hat, aber ich kann mich entscheiden, dieses System zu verlassen.«

Wahlfreiheit

Aussteigen bedeutet allerdings nicht immer, ein System, beispielsweise den Arbeitsplatz, zu verlassen. Manchmal würde das auch gar nichts ändern, weil das Problem eher in uns selbst begründet liegt und wir es auf diese Weise in eine andere Situation mitnehmen. Oft müssen wir nur unseren Platz, unsere Rolle aufgeben, die wir in diesem System eingenommen haben und mit der wir es nähren und unterstützen, so wie in der beschriebenen Familiensituation. Lange hat Maren das System aufrechterhalten, indem sie so funktionierte, wie die Familie es erwartete. Doch sie ist schließlich aus ihrer Opferrolle ausgestiegen, ohne gleichzeitig ihren Platz als Mutter aufzugeben.

Wenn wir aber in der Opferrolle verharren und uns Sätze suchen wie: »Wenn dieses oder jenes anders wäre ...«, »Wenn die Situation sich ändern würde, eine bestimmte Person nicht da wäre«, »Wenn ...«, dann verändert sich nichts. Dann wünschen wir uns vielleicht nichts mehr als eine Veränderung der Situation, wir warten darauf, dass etwas geschieht, und hoffen geradezu auf ein Wunder. Dabei sind wir selbst diejenigen, die etwas tun können, einen kleinen ersten Schritt gehen, vielleicht zunächst nur durch einen Perspektivwechsel, eine andere Haltung. Wenn wir meinen, vor einer verschlossenen Tür zu stehen, die sich nicht öffnen lässt, müssen wir nach anderen Wegen suchen.

So habe ich es einmal in einer kleinen Gruppe von Christen erlebt. Wir hatten eine sehr intensive Zeit miteinander verbracht, hatten gesungen, gebetet, geschwiegen und einfach die Gegenwart Gottes gespürt, hatten uns von Gottes Weite in unserer manchmal so klein und eng empfundenen Welt überzeugen lassen. Aber dann kamen in mir Zweifel auf. Ist es überhaupt möglich, das, was ich hier erlebt habe, in meinen Alltag zu transportieren? Ich spürte ihn schon, den aufkommenden Gegenwind, die Ängste und Vorbehalte des Systems, in das ich zurückkehren würde. Letztlich waren es ja auch meine eigenen Vorbehalte und Ängste.

Doch beim Abschlusssegen bekam ich ein inneres Bild: Ich sah eine dunkle, massive Eisentür mit vielen Riegeln und Schlössern. Ich selbst stand unmittelbar davor, beinahe berührte meine Nase diese Tür. »Die lässt sich niemals öffnen, noch verschlossener geht nicht«, dachte ich. Aber dann änderte sich plötzlich die Perspektive. Ich sah dieselbe Tür aus einem anderen Blickwinkel, nämlich von oben und aus der Distanz. Überrascht merkte ich: Die verriegelte Eisentür stand mitten in einem großen Saal einfach isoliert da. Sie trennte gar keine Räume. Dadurch war sie geradezu eine Farce, ich hätte mich einfach um sie herumbewegen können!

Das machte mir damals Mut. Ein einfacher Perspektivwechsel reichte. Dieses Bild ist mir auch heute noch in ausweglos erscheinenden Situationen eine Hilfe. Wenn eine Tür verschlossen ist, sage ich mir: »Beweg dich um sie herum. Sie ist in Wahrheit gar kein Hindernis. Vielleicht wird sie sich irgendwann öffnen oder sogar ganz verschwinden.«

Manche Tür ist nicht das, was sie zu sein scheint. Sie ist nur ein Scheinhindernis. Das vor allem habe ich aus diesem Bild gelernt.

Ausstieg ist möglich

Mit einem Perspektivwechsel fing es auch bei Sandra an. Sie durfte erleben, dass gleich mehrere Türen, die sie für unbezwingbar hielt, keine unüberwindbaren Hindernisse darstellten. Ich hatte das Vorrecht zu sehen, welche Veränderungen in ihr vorgingen, wie sie sich immer mehr zu dem Menschen entwickelte, der sie eigentlich war.

Als Sandra zu mir in die Beratung kommt, ist sie für mich keine Unbekannte. Schon häufiger bin ich ihr in diversen überregionalen Gemeindeveranstaltungen begegnet. Jedes Mal hat sie bei mir einen freundlichen und gleichzeitig etwas distanzierten Eindruck hinterlassen, eben kein Nähetyp, eher mit gewissen Vorbehalten, kritisch abwägend. Nun sucht sie mich auf, weil sie, wie sie sagt, mit ihrem Leben nicht zufrieden ist. Irgendetwas stimmt nicht; sie fühlt sich gelebt, statt selbst zu leben.

Sandra ist eine attraktive Frau, 38 Jahre alt, gelernte Krankenschwester, verheiratet, zwei Söhne, acht und zehn Jahre alt. Die junge Familie lebt zu der Zeit im Haus ihrer Eltern. Sandras Mutter hat die Wohnung in der oberen Etage, ihr Vater ist verstorben. Ihren Beruf übt Sandra seit der Geburt ihrer Kinder nicht mehr aus, sie hat stattdessen einen Minijob in einem Supermarkt.

Das erste Problem, das sich mir darstellt, ist die räumliche Nähe zu ihrer Mutter, denn diese wohnt nicht nur in der oberen Etage, sozusagen über ihren Köpfen, sondern sie »regiert« auch von dort. Sie übt Einfluss auf die Familie aus, kontrolliert sie geradezu. Wie viel von dieser Kontrolle wirklich vorhanden ist und inwieweit Sandra diese nur empfindet, kann ich zwar nicht beurteilen, aber das spielt letztlich keine große Rolle. Fakt ist, Sandra fühlt sich nicht frei, sondern ständig hin- und hergerissen zwischen den Erwartungen und Forderungen der Mutter – auch den unausgesprochenen – und den Bedürfnissen ihrer Familie. Und da sind ja auch noch ihre eigenen Bedürfnisse. Die Kinder wachsen heran, werden selbstständiger, und was bleibt für sie übrig an eigenem Leben?

Es fehlt Sandra keineswegs an Beschäftigung. Sie kennt keine Langeweile. In ihrer Gemeinde, einer Freikirche, ist sie Mitglied eines Musikteams, denn Musik gehört zu ihren Leidenschaften. Außerdem ist sie Mitglied des Leitungskreises dieser Gemeinde und hat damit eine verantwortungsvolle Aufgabe übernommen.

Als ich Sandra ganz zart und vorsichtig die Option nenne, das Elternhaus zu verlassen und mit ihrer Familie in eine andere Wohnung zu ziehen, um zunächst einmal einen räumlichen Abstand zu schaffen, entgegnet sie empört: »Nein, das geht nicht. Meine Mutter braucht uns doch. Das heißt, wir müssten gut erreichbar sein. Eine Wohnung in der Nähe? Aussichtslos. Dann müssten wir ja Miete zahlen. Außerdem: Wie sollte ich das meiner Mutter erklären? Sie würde es nicht verstehen. Und die Mitglieder der Gemeinde, die meine Mutter gut kennen, würden erst recht mit Unverständnis reagieren. Wie kann man die alte Mutter im Stich lassen? Es ist doch das elterliche Haus! Nein, das ist unmöglich.«

Damit ist das Thema für Sandra vom Tisch, doch erledigt ist es damit keineswegs, während unserer weiteren Treffen kommt es immer wieder auf. Sandra fühlt sich gelähmt und sogar bedroht von einer kontrollierenden Mutter. Ich schlage ihr vor, die von ihr abgelehnte Option erneut zu bedenken und mit ihrem Mann zu besprechen.

Das nächste Mal hat sich Sandras Gesicht verändert. Ich kann so etwas wie Hoffnung erkennen. Ihr Mann hat ganz entgegen ihrer Erwartung sehr positiv reagiert. Die beiden finden innerhalb kurzer Zeit ganz in der Nähe eine Wohnung und ihre Mutter akzeptiert den Umzug, wenn auch nicht mit Begeisterung. Und auch in ihrer Gemeinde sind sie fortan nicht als Geächtete unterwegs. Für Sandra ist es wichtig gewesen, sich nicht von der Meinung und Einsicht der anderen abhängig zu machen, sondern diesen bedeutenden Schritt in die Freiheit zu gehen. Das Verhältnis zur Mutter hat sich dadurch verändert, denn Sandra begegnet ihr nicht mehr als das abhängige, unmündige Kind, sondern als erwachsene Tochter auf Augenhöhe.

Wie leicht meinen wir, ein Weg sei nicht gangbar, wie schnell haben wir Argumente parat, die uns den Schritt in die Freiheit verwehren. Die gute Nachricht: Es ist weitaus mehr möglich, als wir denken!

Ein anderes Problemfeld, an dem Sandra leidet, ist der Leitungskreis. Es gibt dort viele Spannungen, die sie belasten und für die sie zu viel Verantwortung übernimmt. Wir arbeiten an dieser Überverantwortung, stellen heraus, was wirklich in ihrem Zuständigkeitsbereich liegt und was nicht. Doch das grundsätzliche Problem sitzt woanders, wie sich später herausstellt.

An einem Vormittag kommt sie wieder ziemlich aufgelöst und innerlich erregt zu mir. »Der Abend gestern im Leitungskreis war eine einzige Katastrophe«, stößt sie hervor und erzählt, was passiert ist.

Es kam zum Streit und zu schweren Vorwürfen zwischen Swen und Ludwig. Es gab beleidigende Sätze wie zum Beispiel: »So dumm kann doch keiner sein …«

Swen rannte hinaus, die anderen beiden blieben zunächst zurück und starrten sich an. Dann lief Sandra wütend hinter Swen her und stellte ihn zur Rede: »So kann man das nicht machen. Du kannst dich nicht einfach aus der Verantwortung ziehen und uns alleinlassen!«

Bald nach diesem Zwischenfall nimmt der Leitungskreis Supervision in Anspruch. Doch die Männer reden nur um den heißen Brei herum. Das macht Sandra wiederum wütend. Sie legt offen die Fakten auf den Tisch, auch die persönlichen Beleidigungen, die gefallen sind. Ludwig droht damit, aus dem Leitungskreis auszusteigen. Das steigert Sandras Wut noch mehr.

Die Sitzungen bringen sie fast immer zur Weißglut. »Manchmal schaffe ich es, meinem Ärger Luft zu machen und die Wahrheit auszusprechen, dann bin ich richtig stolz auf mich«, sagt sie. Meistens aber richtet sich ihr Ärger nach innen und sie trägt ihre Kämpfe und Auseinandersetzungen in der Nacht aus, wenn sie eigentlich schlafen sollte. Hin und wieder befällt sie auch so etwas wie Gleichgültigkeit, so als gehe sie das Ganze nichts an. Dann allerdings meldet sich das schlechte Gewissen: »Ich müsste mich doch kümmern, schließlich gehöre ich dazu.«

Ich spüre, wie sehr diese Sitzungen ihr zusetzen, ja, geradezu auf den Magen schlagen. Kein Wunder, es ist eine einzige Achterbahnfahrt der Gefühle und Erregungen und auf Dauer keineswegs gesund.

»Lege doch mal diese Achterbahnfahrt als Erregungs-Diagramm auf den Boden!«, schlage ich ihr vor.

Sandra sucht sich dicke rote Seile und ordnet sie in Form von Kurven und spitzen Winkeln auf dem Fußboden an. Manche Erregungskurven sind sehr hoch, andere eher klein. Bisweilen bleiben sie auch »ebenerdig«. »Das ist die Gleichgültigkeit«, sagt Sandra.

An drei Stellen schlagen die Kurven besonders hoch aus. Sandra erklärt mir, was sich dort ereignet hat. Die erste Spitze ist die Sitzung, bei der Swen einfach hinausgerannt ist. Die zweite Spitze ist die Supervision, bei der nur um den heißen Brei herumgeredet wurde.

Ich frage Sandra, wie sie sich nach ihren Reaktionen auf diese beiden Ereignisse gefühlt hat. Sie hat ja Swen zur Rede gestellt und bei der Supervision die Probleme offen angesprochen.

»Gut«, erzählt Sandra mir. »Ich war richtig stolz auf mich.«

»Das kannst du auch sein«, antworte ich ihr. Also würdigen wir zunächst ihren Erfolg: das Durchbrechen des Schweigens, das Benennen des kranken Systems, das sich hier zeigt.

Die dritte Stelle, an der die Erregungskurve besonders hoch und spitz zuläuft, fehlt noch. Das ist die Stelle, an der Ludwig mit seinem Rücktritt gedroht hat. Sandra hat Angst bekommen. Es hat sie wütend gemacht, aber sie hat geschwiegen.

Ich empfehle ihr, sich selbst einmal zu dem Seil zu stellen und wahrzunehmen, was sie empfindet.

»Eine große Trauer, aber noch größere Wut«, sagt sie. »Ja, ich bin traurig und wütend auf Ludwig!«

Plötzlich habe ich den Impuls, ihr einen Perspektivwechsel vorzuschlagen: »Stell dich doch mal mit dem Rücken zu deiner Erregungskurve!«

Sandra tut es, und der »Zufall« will es, dass sie nun mit dem Gesicht zum offenen Fenster steht. Mit dem Blick nach draußen nimmt Sandra eine Veränderung wahr und kann erkennen, was hinter den Gefühlen steckt. »Ich bin in Wahrheit gar nicht wütend, weil Ludwig geht und mich alleinlässt, sondern weil ich auch am liebsten gehen würde und es mir nicht erlaube«, stellt sie fest.

»Warum erlaubst du es dir nicht?«, frage ich.

Sandra antwortet: »Das tut man einfach nicht. Man verlässt nicht das sinkende Schiff!«

Darauf erwidere ich: »Trotzdem würdest du es gern tun. Spielen wir diese Möglichkeit doch einfach mal durch.«

Ich lege ein Blatt mit ihrem »verbotenen« Wunschsatz: »Ich verlasse den Leitungskreis« in die Mitte auf eine Skala mit den Polen plus zehn und minus zehn. »Wo befindest du dich jetzt, wenn du an diesen Wunsch denkst?«, frage ich Sandra.

Sie stellt sich auf die Zahl minus drei, sagt aber: »Ich befinde mich schon auf plus drei!« Plötzlich bemerkt sie, dass sie ihren Platz auf der falschen, der Minusseite, eingenommen hat, anscheinend unbewusst, aber nicht ohne Grund. Denn als sie ihren Fehler korrigiert, verändert sich alles und sie stellt fest: »Das ist genau der Punkt, ich halte mich immer noch im Minusbereich auf, anstatt mich schon auf dem Weg nach draußen zu sehen.«

Ich frage sie, was sich dadurch verändern würde, wie zum Beispiel der nächste Schritt aussehen könnte. Sie antwortet: »Ich kann den anderen sagen, dass ich nur noch für eine begrenzte Zeit im Leitungskreis sein werde.«

Drei Dinge habe ich aus Sandras Geschichte gelernt:

1. Es ist mehr möglich, als wir ahnen.
2. Ein Perspektiv- und ein Haltungswechsel kann alles verändern.
3. Genaues und differenziertes Hinschauen lohnt sich.

Sandra bleibt noch eine ganz Weile im Leitungskreis und hält ihm die Treue, bis sie den richtigen Zeitpunkt gekommen sieht, eine andere Richtung einzuschlagen. Bis dahin verändert sich für sie trotzdem die Situation deutlich. Sie empfindet nicht mehr diesen krank machenden Druck, weil sie sich nicht mehr ausgeliefert fühlt. Sie hat eine Entscheidung getroffen und durch diesen Haltungswechsel kann sie gelassener mit den Ungereimtheiten und Dissonanzen umgehen, auch wenn ihr das natürlich nicht immer gelingt.

Einmal kommt sie wieder ziemlich frustriert in die Beratung. Ludwig hat seine Drohung insofern wahr gemacht, als er zunächst zu den Sitzungen des Leitungskreises nicht mehr erscheint. Swen tut so, als sei alles in Ordnung. »Und ich soll nun die Kastanien aus dem Feuer holen? Nicht mit mir!«, sagt Sandra energisch. Sie schickt eine E-Mail an beide und an den Supervisor mit der Bemerkung, dass dies nicht ihr Konflikt, sondern der von Ludwig und Swen sei und die beiden diesen deshalb auch ohne ihre Gegenwart mit dem Supervisor lösen sollten. Sie selbst wird erst wieder an den

Sitzungen teilnehmen, wenn das geklärt ist. Ihre klare Haltung und Aussage füllen sie mit einigem Stolz, das merke ich ihr an. Sie ist sicher, dass sie das Richtige getan hat.

Trotzdem schwingt viel Traurigkeit mit, denn sie wünscht sich, dass es im Leitungskreis anders läuft. Daher hat sie immer wieder ambivalente Gefühle. Ich lade sie ein, ein Verkehrsschild für ihre jetzige Situation und Gefühlslage zu suchen.

Sie wählt das Schild »Schleudergefahr«.

»Was kann ins Schleudern geraten?«, frage ich sie.

»Meine Visionen und Träume, mit denen ich mich damals entschieden habe, in die Gemeindeleitung zu gehen, und meine Berufung. Es ist so, als ob ich mich auf einer großen Straße bewege. Und immer kommt etwas dazwischen.«

Ich schlage ihr vor, diese Straße zu markieren. Sie legt mit Seilen eine breite Straße mit einem durchgehenden Mittelstreifen auf den Boden. Dann legt sie auf die rechte Fahrbahnseite einige Steine als Hindernisse. Sie kann sie nicht umfahren und auch nicht überspringen. »Die Straße ist jetzt unheimlich eng. Und ich kann gar nichts machen.«

Ich frage sie, wem diese Straße gehört.

»Ich weiß nicht«, antwortet sie, und dann nach längerem Zögern: »Mir!«

»Wozu der Mittelstreifen?«, frage ich. »Könntest du nicht ausweichen auf die andere Seite? Dann hättest du doch viel mehr Platz.«

Sandra erklärt, dass sie ihn gelegt hat, weil er, wie sie sagt, zu einer »ordentlichen« Straße gehört. Doch dann fällt ihr ein: »Es ist ja meine Straße. Da kann ich selbst entscheiden. Darauf bin nur ich unterwegs.«

Sie nimmt den Mittelstreifen weg. »Fühlt sich viel besser an. Ich kann jetzt ausweichen«, bemerkt sie. »Trotzdem: Die Schleudergefahr bleibt!«

Wir überlegen gemeinsam: Was macht man, wenn man ins Schleudern gerät? Nicht gegenlenken – Lenker festhalten – Ruhe bewahren. Was heißt das im übertragenen Sinn?

»Einen Schritt zurücktreten, innehalten, wenn eine Störung kommt, aber meine Visionen nicht aufgeben.«

Sandra schreibt ihre Träume und Visionen noch einmal groß auf ein Flipchart. Ich biete ihr an, das Schild »Schleudergefahr« gegen ein positives auszuwechseln. Sie wählt das Schild »Vorfahrtstraße«. Auch wenn etwas dazwischenkommt, es geht weiter. Sie ist immer noch auf ihrer Vorfahrtstraße unterwegs. Ein deutlicher Perspektivwechsel!

Es war Sandra vorher nicht wirklich bewusst, dass sie selbst die Regeln schreibt. Sie ist zuständig für ihre eigene Straße. Und wenn dort ein Mittelstreifen hinderlich ist, dann kann sie ihn wegnehmen. Sie muss sich von einem Konflikt, der nicht ihrer ist, nicht ausbremsen lassen, darf auf der Vorfahrtstraße weiter ihre Visionen und Träume verfolgen. Doch wenn ein Ereignis sie ins Schleudern bringt, verunsichert, ist es gut, das Tempo zu drosseln, innezuhalten, auf die eigene Reaktion zu schauen und sie zu reflektieren.

Inzwischen hat Sandra übrigens eine Ausbildung zur Kunsttherapeutin beendet, diverse Weiterbildungen angeschlossen und lebt ihre ganz speziellen Gaben – Kunst ist ihre Leidenschaft. Sie hat nicht nur den Leitungskreis, sondern auch die Gemeinde, in der sie aufgewachsen ist, verlassen und ist mit ihrer Familie Mitglied in einer Gemeinde, die mehr ihrem Frömmigkeitsstil entspricht. Zu der alten Gemeinde hat sie aber immer noch ein freundschaftliches Verhältnis und darf deren Räumlichkeiten sogar als Therapeutin nutzen.

Sandra hat mir oft gesagt, wie sehr sie ihre innere Veränderung spürt, wie sich ihr Blick auf sich selbst, ihre Mitmenschen, ja sogar auf Gott verändert hat. Sie hat einen gewaltigen Reifungsprozess durchlaufen, der sich auf ihre Familie und ihre Umgebung auswirkt. Es gibt nichts Schöneres, als wenn Menschen ganz sie selbst werden.

Gefangen in einem christlichen System?

Bevor ich dieses Kapitel beginne, ist mir Folgendes wichtig: Es geht mir in keinster Weise darum, den christlichen Glauben oder die Christen anzuschwärzen, über Gemeinden abzulästern oder gar mit ihnen abzurechnen, denn ich selbst bin zutiefst davon überzeugt, dass ich meine Identität in Gott habe. Ich glaube daran, dass kein Mensch ein Zufallsprodukt ist, sondern die wahre Identität eines jeden Menschen ganz und gar in dem Angenommen- und Geliebtsein eines Schöpfers liegt.

In meinem Buch »Im Käfig der Angst« habe ich meine ambivalente Geschichte mit meiner pietistisch geprägten Vergangenheit beschrieben. Da war einerseits das soziale Nest, die Geborgenheit, das Hören von einem liebenden, »alltagstauglichen« Gott, der gnädig und barmherzig ist, in Jesus zu uns Menschen kam – quasi ein Gott zum Anfassen wurde – um uns zu zeigen, wie dieser Gott wirklich ist, der bis zur letzten Konsequenz seiner bedingungslosen Liebe zu uns treu blieb und sein Leben opferte. Dieses Wissen hat mich durchgetragen und mir Halt gegeben, schon damals als Kind. Die kleine, familiäre Gemeinde gab mir Nähe und Sicherheit, mich auszuprobieren. Gleichzeitig fanden Übergriffe statt. Das Schlimmste waren die sexuellen Übergriffe meines Vaters, aber daneben gab es auch Übergriffe der Gemeinde, vor allem emotionaler und religiöser Art. Ebenso gab es viele ungeschriebene Gesetze, wie ein richtiger Christ zu leben hat. Weitgehend berief man sich dabei auf die Maßstäbe der Bibel, die aber sehr eng und eigenwillig ausgelegt wurden. Heute hat sich unter Christen manches positiv verändert. Manches ist einer Beliebigkeit gewichen, die wiederum andere beklagen.

Doch wie in allen anderen etablierten Gruppen, Vereinen und Institutionen, ob religiös oder nicht, gibt es auch in christlichen Gemeinden krank machende Systeme. Nicht nur aus meiner eigenen Geschichte, auch aufgrund meiner Beratungstätigkeit und Begegnungen mit Menschen, die ihrer Kirche oder Gemeinde, manches Mal auch dem christlichen Glauben den Rücken gekehrt haben, ist mir dies vertraut und erschreckend bewusst. Auf mein erstes Buch haben sehr viele Menschen reagiert, und immer wieder hörte oder las ich den Satz: »Ich habe mich total wiedergefunden in diesen Beschreibungen des religiösen Systems.«

Manches, was ich in den nächsten Abschnitten beschreibe, wird den Leserinnen und Lesern, die keinen christlichen, geschweige denn pietistischen Hintergrund haben, äußerst fremd und abstrus erscheinen. Vielleicht haben Sie so etwas aber auch in der Begegnung mit Christen schon erlebt und es nicht verstanden. Dann helfen diese Erläuterungen Ihnen vielleicht ein wenig zum Verständnis. Anderen Leserinnen und Lesern mag es unverständlich erscheinen, weil sie Kirche und Gemeinde ganz anders, sehr positiv erleben. Dennoch gibt es an vielen Orten ungute Machtstrukturen, die den persönlichen Glauben nicht fördern, sondern behindern und im schlimmsten Fall sogar zerstören können.

Irgendetwas stimmt hier nicht

Ich möchte Sie mitnehmen auf ein Tagesseminar, das ich vor einiger Zeit in einer christlichen Gemeinde durchgeführt habe, einen Tanzworkshop zum Thema »Räume statt Träume«. Inhaltlich geht es darum, sich spielerisch und tänzerisch auf den Weg zu machen, den eigenen persönlichen Raum zu entdecken und sich überraschen zu lassen von dem, was Gott in jeden hineingelegt hat. Wer bin ich wirklich? Was macht mich aus? Was unterscheidet mich?

Im Raum der Begegnung haben wir die Möglichkeit, die anderen zu entdecken, ohne sie zu bewerten und uns zu vergleichen, ohne sie kopieren zu müssen. Wir sitzen in einer Vorstellungsrunde zusammen. Die meisten von uns kennen sich bereits, denn sie gehören zu dieser Gemeinschaft. Doch auch die anderen Gäste scheinen einen christlichen Hintergrund zu haben, denn sie erhoffen sich von diesem Seminar unter anderem eine Vertiefung ihres Glaubens. Neben mir sitzt eine ältere Frau namens Hilde, die letzte in der Vorstellungsrunde. »Ich glaube, ich bin hier falsch, und überlege, ob es nicht besser wäre, wieder zu gehen«, sagt sie.

Erstaunt schauen wir sie an. »Warum?« frage ich.

»Ich wollte eigentlich zu einem Tanzworkshop und habe davon in der Zeitung gelesen. Und nun muss ich feststellen, dass es hier sehr tendenziös religiös zugeht. Das ist so gar nicht mein Ding. Davon stand auch nichts in der Zeitung.«

Ich verstehe sie sehr gut. Wie muss sich jemand fühlen, der nichts ahnend einen Tanzworkshop besucht und dann mit einem von der gesamten Gruppe vertretenen Glauben konfrontiert wird, der völlig außerhalb seiner Lebenswirklichkeit liegt? Ganz automatisch muss er/sie sich die Frage stellen: Wird mir hier etwas eingetrichtert? Soll ich von irgendetwas überzeugt werden? Hier wird eine Glaubensgrundlage vorausgesetzt, die ich gar nicht habe. Komme ich in diesem Workshop überhaupt vor? Ich kann die Irritation dieser Frau gut nachvollziehen, denn auch ich habe mich schon fremd und unwohl gefühlt, als würde ich nicht dazugehören, weil ich den Mainstream einer Gruppe nicht teile, während ich gleichzeitig die Befürchtung hatte, ich soll zu etwas überredet werden.

Doch ich freue mich gerade über die Teilnahme dieser Frau, denn ich liebe es inzwischen, wenn unsere festen Überzeugungen, die wir oft so selbstverständlich vertreten, durch andere infrage gestellt werden. Natürlich ist es mir wichtig, Hilde deutlich zu machen, dass sie ganz und gar willkommen ist und ihre religiöse Überzeugung keinerlei Rolle spielt. Sehr schnell hat sie ihre Vorbehalte verloren. Beim Tanzen wirkt sie äußerst entspannt und munter wie ein fröhliches kleines Mädchen.

Später kommen wir zu einem tänzerischen Dialog. Immer zwei Personen tun sich zusammen und tanzen miteinander. Dabei geht es darum, tänzerische Bewegungen anzubieten, sich gegenseitig zu bereichern und gleichzeitig sein Eigenes zu tanzen. Was möchte ich übernehmen und ausprobieren von dem, was der/die andere mir vorschlägt, und was nicht, weil es mir nicht entspricht? Wo möchte oder muss ich Grenzen setzen?

Während dieser Einheit fällt mir auf, wie leicht Hilde mit dieser Aufgabe umgeht. Sie hat offensichtlich große Freude daran, sich auf Neues einzulassen, eigene Impulse zu setzen und ihre Partnerin dazu einzuladen.

In der anschließenden Reflexionsrunde berichten viele von ihren Schwierigkeiten: »Ich weiß nicht, ob meine Tanzpartnerin einverstanden ist, ob ich sie vielleicht überfordere oder mich zu sehr aufdränge.«

»Wenn ich mein Eigenes mache und mich nicht auf etwas einlasse, frage ich mich, ob mein Tanzpartner sich abgewiesen fühlt.«

Die Stimmung wirkt insgesamt gedrückt und ich muss aufpassen, dass sie mich nicht ebenfalls nach unten zieht. Während die Einzelnen berichten, schaut Hilde aufmerksam und etwas verwirrt in die Runde. Schließlich frage ich sie, ob sie das auch kennt und versteht, worüber die anderen sprechen. »Nein«, sagt sie, »ganz ehrlich, das kenne ich nicht.«

Über diese Antwort bin ich keineswegs überrascht. Denn ich beobachte schon lange, dass dies eher ein typisch »christliches Problem« ist: Die Angst davor, sich zu zeigen, wie man wirklich ist; der Wunsch, es den anderen recht zu machen; die Beschäftigung mit der Frage, was die anderen denken und erwarten könnten, scheint tatsächlich bei uns Christen stark ausgeprägt zu sein.

Als ich mich am nächsten Tag mit meinem Bruder unterhalte, erzählt er mir von einer Erfahrung, die er während seiner Pastorenzeit in Hamburg gemacht hat. In seiner Gemeinde gab es damals eine kleine Bigband. Eines Tages fragte ein Saxofonspieler, ob er mitmachen dürfe. Er war kein Christ, hatte aber große Freude an Musik und spielte mit Leidenschaft Saxofon. Von da an gehörte er eine Weile zur Band. Einige Zeit später zog er sich jedoch zurück. Nach der Begründung gefragt, sagte er: »Irgendetwas scheint hier nicht stimmig, nicht wirklich echt zu sein. Es wirkt alles so verkrampft und unfrei.«

Diese Einschätzung ist keineswegs eine Ausnahme. Warum ist das so? Was läuft hier schief?

Früher ist es mir nicht einmal aufgefallen, war ich doch selbst viel zu sehr in diesem Verhalten gefangen. Da war zum Beispiel der Druck: Ich muss mich freundlich verhalten, muss als Christ einen guten Eindruck machen. Schließlich wollen wir doch für den Himmel werben, da ist ein gutes und richtiges Verhalten schon die halbe Miete. Wie sollen die Leute uns unseren Glauben abnehmen, wenn wir unfreundlich statt hilfsbereit und freundlich sind. Gott will das so. Jesus, auf den wir uns als Christen berufen, hat es uns vorgelebt. Mit diesem Anspruch bin ich groß geworden. Den Menschen freundlich zu begegnen, was ja durchaus positiv ist, hieß für mich in erster Linie, nett zu sein, nicht anzuecken, vor allem keine Wut und keinen Ärger zu zeigen.

Es ist uns wichtig, als Christen erkennbar zu sein, vor allem an unserer Freundlichkeit, an unseren guten Taten. Der Idealfall: Ich falle auf durch mein gutes, christliches Handeln, und die Menschen fragen: »Warum tust du das?« Sind wir uns bewusst, wie viel Druck das in uns aufbaut? Dieser Druck ist nicht nur kontraproduktiv, sondern kann krank machen und sich erdrückend auf die Menschen um uns herum wirken. Wenn wir etwas unter Druck tun, wirkt es immer irgendwie aufgesetzt.

Da gehe ich mit einer Christin vom Gemeindehaus durch die Stadt. Unterwegs treffen wir einige Leute, die meine Begleiterin flüchtig zu kennen scheint. Sie grüßt eine Frau, die gerade den Bürgersteig fegt, überschwänglich und fragt nach ihrem Befinden. Eigentlich eine nette Geste, warum kommt es mir nur so künstlich und aufgesetzt vor? Vielleicht, weil ihre Stimme plötzlich ganz anders, irgendwie unnatürlich klingt?

Könnte es das sein, was Menschen im Umgang mit Christen manchmal erleben und was sie abstößt, möglicherweise auch, weil sie spüren, dass in Wahrheit gar nicht sie gemeint sind, sondern dass hier eine christliche Pflicht erfüllt und nur ein Einstieg gesucht wird, um für den Glauben oder die eigene Gemeinde zu werben?

Ich meine damit nicht generell heuchlerisches Verhalten, das ist mir wichtig zu betonen. Meine Bekannte hat der Frau sicherlich nicht nur etwas vorgespielt. Wenn wir Menschen auf diese Weise begegnen, ist es durchaus ernst gemeint und oft auch mit wirklichem Interesse am anderen verbunden. Trotzdem wirkt es oft zwanghaft gewollt und übertrieben, weil es nicht aus dem Herzen, sondern aus einer Pflicht heraus geschieht.

Zwischen Missionierungsdruck und Redeverbot

Einmal höre ich im Bus, wie drei junge Männer lautstark über ihre Erfahrungen mit einer kleinen Gemeinde sprechen. »Die sind ja ganz nett«, sagt der eine. »Die dürfen auch gern ihren Glauben haben. Was mich aber nervt, ist, dass sie immer alle bekehren wollen.«

Ein anderer bestätigt: »Ja, das ist voll nervig!«

Haben Sie schon Ähnliches erlebt? Auf welcher Seite standen Sie?

Als ich auf einer Fortbildung bin, komme ich mit einer Teilnehmerin beim Mittagessen ins Gespräch. Nachdem wir auch die Mittagspause am zweiten Seminartag miteinander verbracht haben, sagt sie plötzlich: »Ich bin gern mit dir zusammen. Du redest nicht über deinen Glauben, du lebst ihn einfach.« Dann berichtet sie mir von einer anderen Ausbildungsgruppe, in der eine Christin war, die ständig nur über Gott sprach, ob es gerade ins Thema passte oder nicht. »Ich fühlte mich regelrecht von ihr bedrängt, auch während einer Zweierarbeit. Das war einfach übergriffig und grenzüberschreitend!«

Vor Jahren hätte sie mich noch ganz anders erlebt, denn auch ich war ständig mit einem »inneren Auftrag« unterwegs, die gute Botschaft, das Evangelium, weiterzugeben, wenn ich mit Menschen zusammentraf. Was für ein Krampf! Wie kann es da zu einer echten Begegnung kommen?

In unserer Gesellschaft müssen Menschen ständig erleben, dass sie »geködert werden«, angeworben, um ein Produkt zu kaufen, einer Institution beizutreten oder irgendeinem Verein Geld zu spenden. Wenn Christen über Gott reden, fühlt es sich deshalb für sie oft in etwa so an: In Wahrheit bin nicht ich gemeint. Das Interesse an mir ist nicht echt, sondern zielgerichtet und zweckgebunden. Ich selbst bin nur Mittel zu diesem Zweck.

Was ich gerade geschildert habe, ist sicher ein Problem, das eher unter konservativ geprägten Christen zu finden ist. Es gibt jedoch auch das andere Extrem: Man sollte möglichst gar nicht, vor allem aber nicht werbend über den eigenen Glauben sprechen, um Menschen anderer Religionen nicht vor den Kopf zu stoßen. Andere wiederum machen den Vorschlag eines »Goldenen Mittelwegs«, der da lautet: Sprich nur dann über deinen Glauben, wenn du danach gefragt wirst.

Ehrlich gesagt empfinde ich keinen dieser Wege als befreiend. Im Gegenteil: Wie anstrengend, wie verkrampft ist das? Da wird Leben in Beton gegossen! Wie oft versuchen wir, Freiheit durch äußere Regeln festzuschreiben! Das aber begünstigt, dass wir nach außen unecht wirken. Es unterstützt nur unser Leben auf der Rennbahn und wir bleiben angepasst. Wie anstrengend!

Ich möchte die Freiheit haben, von meinem Glauben zu erzählen, wenn es für mich stimmig ist, und ich möchte die Grenzen der anderen Menschen wahrnehmen und sie nicht mit meinen Worten »überfahren«.

Zweifler und Querdenker willkommen?

Etwas anderes, das dieses Leben auf der Rennbahn unterstützt, ist die Einforderung eines festen Glaubens, der einer bestimmten Art entsprechen muss. Das heißt: Zweifel und unbequeme Fragen werden sofort beantwortet oder gar nicht erst zugelassen.

Die Folge: Ich erlaube weder mir selbst noch meinen Mitchristen, Inhalte des Glaubens infrage zu stellen. Schnelle Antworten müssen her. Wer diesen nicht zustimmt, der hat nicht den richtigen Glauben.

Auch in diesem Hamsterrad habe mich früher befunden. Menschen, die meine Glaubensüberzeugungen infrage stellten, verunsicherten mich zutiefst. Mein Mann und ich erlebten das beide während unserer theologischen Ausbildung. Einer unserer Lehrer war Mitglied einer kleinen Baptistengemeinde, zu der mein Mann und ich damals auch gehörten. Wir trafen uns regelmäßig zu gemeinsamen Bibelgesprächen.

Er stellte viele unbequeme Fragen. Unsere oft platten Antworten reichten ihm nicht. Doch wir fühlten uns im Recht, argumentierten gegen ihn – besonders ich – mit einem Kampfgeist, als ginge es ums Leben. Frisch vom Seminar gekommen, meinten wir, auf alles eine Antwort zu haben, hielten seine Fragen nicht aus und glaubten, Gott in seinem Handeln verteidigen zu müssen. Als ob der so etwas nötig hätte! Was für ein abwegiger und geradezu anmaßender Gedanke! In Wahrheit hatten wir Angst um uns selbst und davor, den Boden unserer Sicherheit zu verlieren. Kurz gesagt, wir verhielten uns äußerst unbarmherzig diesem Mann gegenüber.

Doch gerade er bot uns in der Nacht, als unsere komplette Wohnung ausbrannte und wir mit nichts auf der Straße standen, Unterschlupf in seinem Haus. Gott sei Dank konnten wir unsere harte Position später korrigieren. Es entstand sogar eine freundschaftliche Beziehung zu ihm.

Wie oft sind wir in unserem weiteren Leben selbst zu Zweiflern geworden? Tatsächlich können unsere schnellen Antworten und Lösungen auf Fragen unserer Mitmenschen, ob Christen oder

Nichtchristen, sehr unbarmherzig sein. Vielleicht geben wir diese, weil wir uns unsere eigenen Fragen nicht eingestehen wollen?

Ein Mann erzählt mir von einer Begebenheit aus der Zeit seines Studiums an einem theologischen Seminar. Während dieser Zeit hält er eine ehrliche Predigt über seine augenblickliche Glaubenskrise. »Trotz meiner inneren Zweifel halte ich aber an Gott fest«, das macht er in seiner Ansprache deutlich.

Nachdem er geendet hat, sind die Dozenten darauf bedacht, diese sehr ehrliche Predigt im gemeinsamen laut gesprochenen Gebet zurechtzurücken. Als Konsequenz schließt man diesen Mann sogar von einem praktischen Einsatz aus.

Eine solche Vorgehensweise schafft einen Nährboden für Unehrlichkeit und fördert das Nachplappern von Glaubenssätzen. Wir beginnen nicht nur, die Zuhörenden, die Menschen um uns herum zu belügen, sondern auch uns selbst. Übrig bleibt ein anstrengendes Leben auf der Rennbahn – im Außen – mit der Absicht, zu gefallen und einem gewissen Glaubenslevel gerecht zu werden. Wie gesagt, nach außen funktioniert es. Alles bleibt ruhig. Alles scheint harmonisch, ja sogar erfolgreich zu sein.

Wenn wir unsere Schwächen nicht zeigen dürfen, birgt das die große Gefahr, dass alles Negative versteckt wird, wodurch es erst recht Macht bekommt. Das schafft auch einen gefährlichen Nährboden für Missbrauch aller Art. Es unterstützt den trügerischen Grundsatz: »Es kann nicht sein, was nicht sein darf!« So glaubt man beispielsweise den Opfern nicht, und ein Täter, der unter seiner pädophilen Neigung leidet, wagt nicht, es auszusprechen und sich Hilfe zu holen. Spezielle Hilfsangebote[8] sind viel zu wenig bekannt.

Eine Atmosphäre, in der Zweifel nicht erlaubt sind, verleitet uns auch dazu, alle Probleme und Unregelmäßigkeiten, ob sie nun uns persönlich oder die Gruppe betreffen, möglichst schnell in den Griff zu bekommen.

So wie bei Angela, die mir mit Begeisterung erzählt, dass sie es endlich geschafft hat, weniger zu essen. Sie sagt, sie sei es mit eiserner Disziplin angegangen und nun sehe man den Erfolg. »Inzwischen habe ich schon etliche Kilos abgenommen!«, verkündet sie mit sichtbarem Stolz. Und in der Tat: Sie hat Grund dazu, denn das ist eine Leistung. Als leidenschaftliche Esserin mit fehlendem Gewichtszunahmepotenzial kann ich mich zwar nicht wirklich in sie hineinversetzen, bewundere sie aber aufrichtig.

An diesem Nachmittag arbeiten wir gemeinsam an ihrem Inneren Kind und ihrer Identität. Es ist eine gute, intensive Zeit. Einige Tage später teilt sie mir mit: »Seit unserem letzten Treffen funktioniert es nicht mehr mit der Disziplin. Ich habe wieder angefangen, unkontrollierter zu essen.«

Ich bin einigermaßen erschrocken darüber und fühle mich irgendwie mitschuldig. Doch bevor ich etwas erwidern kann, fährt sie fort: »Das ist aber nicht schlimm. Im Gegenteil, ich finde es sogar gut. Denn es zeigt mir, dass mein Problem nur gebändigt, aber nicht gelöst war. Ich habe gegen die Symptome gekämpft, aber nicht die Ursache in Angriff genommen. Es muss noch einen anderen, einen besseren Weg geben.«

Da hat Angela etwas Wichtiges erkannt. Ohne Zweifel hatte sie wichtige Schritte getan und damit Erfolge erzielt. Aber das reicht eben nicht, wenn das eigentliche Problem viel tiefer sitzt. Wirkliche Veränderung hat mit mir selbst zu tun, mit dem, was ich bin.

Ich selbst komme zum Beispiel immer wieder mit meinem Zeitmanagement in Konflikt. Ich gerate äußerst schnell in Zeitnot und fühle mich dann total unter Strom. Meinem Coach, mit dem ich vor Jahren gearbeitet habe, legte ich daher einmal einen mühsam ausgearbeiteten Zeitplan vor, auf den ich richtig stolz war. Als dessen Supervisorin, die mich ebenfalls kennt, von diesem Plan erfuhr, brach sie in Gelächter aus und sagte: »Aber das ist doch gar nicht Ille!«

Und sie hatte recht: Das bin nicht ich. Ihr Gelächter war für mich geradezu befreiend. Deshalb habe ich diesen Plan auch schnell wieder verworfen.

Wir können nicht gegen, sondern immer nur mit uns arbeiten. Das setzt voraus, dass ich mich selbst mit meiner Art, meinen Bedürfnissen, Gaben und Fähigkeiten kenne und liebe. Ob ich das kann, hat etwas mit dem Bild zu tun, das ich von mir selbst habe.

Eitelkeit erlaubt?

Sechs Jahre ist sie alt, ein kleines Mädchen mit langen braunen Haaren und großen dunklen Augen. Gerade hat sie ein neues Kleid anprobiert und posiert nun vor dem großen Spiegel eines Hotelzimmers in Phoenix (Arizona/USA). Zusammen mit einer befreundeten Familie befinden wir uns dort zu Beginn unserer Urlaubsreise. Anne, so heißt die Kleine, fühlt sich völlig unbeobachtet. Ihre Mutter ist im Bad verschwunden, die anderen Familienmitglieder sind draußen unterwegs. Ich sitze auf dem Bett, schaue Anne zu und amüsiere mich köstlich. Sie ist offenbar fasziniert von ihrem Spiegelbild. Mal dreht sie sich zur rechten, mal zur linken Seite, macht elegante, tänzerische Schritte und Bewegungen, so ganz die feine Dame.

Während ich ihr dabei zusehe, steigen plötzlich noch andere Gefühle in mir auf. Fast ärgere ich mich ein wenig. Worüber eigentlich? Über eine Sechsjährige, die sich über ihr Spiegelbild freut? Nein, es ist der Ärger über Erfahrungen meiner Kindheit. Ich sehe mich selbst vor dem Spiegel stehen, ein weites rotes Kleid, schneeweiße Kniestrümpfe, schwarze Lackschuhe, damals für mich der Inbegriff aller Schönheit. Ein kurzer Blick in den Spiegel ist erlaubt, nicht länger – zumindest nicht, ohne ein schlechtes Gewissen zu haben. Das ist eitel. Und Eitelkeit ist etwas Schlimmes.

Wird Anne später einmal eitel werden? Wird sie sich auch als Erwachsene noch schön finden? Oder wird sie dann nur noch ihre Makel und Defizite wahrnehmen?

Wie viele Menschen können ihr eigenes Spiegelbild kaum ertragen. Sie scheuen sich davor, sich wirklich anzuschauen, hinzuschauen, auch im übertragenen Sinn.

Trotz unserer Schwächen

Drei Jahre später. Ich sitze in einer Vorstellung der Ballettschule im sogenannten Seidenweberhaus in Krefeld. Auf der Bühne führt die Gruppe ihre erlernten Tänze vor. Auch Anne ist dabei. Seit unserem »Spiegelerlebnis« im Hotelzimmer ist viel passiert. Anne musste ganz plötzlich in der Nacht mit einem geplatzten Angiom (Gefäßfehlbildung) im Gehirn ins Krankenhaus gebracht werden. Sie schwebte zwischen Leben und Tod, lag tagelang im künstlichen Koma, wurde beatmet und musste anschließend alle einfachen Bewegungen mühsam neu erlernen. Es war eine lange Zeit zwischen Hoffen und Bangen, Ängsten und Entmutigungen, neuen Rückschlägen und neuer Hoffnung, eine unsagbar harte, anstrengende Zeit für eine Neunjährige. Doch nun hat sie es geschafft, ist in ihre Ballettgruppe zurückgekehrt, die sie freundlich aufgenommen hat, das war ihr großer Wunsch. Ihre Bewegungen sind nicht mehr so geschmeidig wie damals vor dem Spiegel. Im Vergleich zu den anderen Tänzerinnen und Tänzern kommen sie eher etwas holprig und ungelenk daher. Aber Anne hat offensichtlich große Freude an der Sache. Ihr Gesicht strahlt und ihre Augen leuchten. Sie hat den Mut, sich zu zeigen, auch in ihrer Begrenztheit. »Dieses Mädchen verdient einen Orden«, denke ich.

Plötzlich dringt eine Stimme an mein Ohr. Sie gehört einer Frau, die in der Reihe vor mir sitzt. Ihre Stimme klingt abfällig, als sie zu ihrer Nachbarin sagt: »Was macht denn die da in der Gruppe, die kann doch gar nicht richtig tanzen.«

Mir ist klar, sie sprechen von Anne. Ihr Urteil tut mir in der Seele weh. Trotzdem sage ich nichts. Leider.

Wenn wir den Mut haben, uns so zu zeigen, wie wir sind, wird man uns keineswegs immer applaudieren. Manchmal trifft uns stattdessen ein geradezu vernichtendes Urteil unserer Mitmenschen. Das kann auch wehtun.

An Annes Geschichte wird eines ganz deutlich. Es braucht ein gesundes Selbstbild, eine Selbstsicherheit, um konsequent seinen Weg zu gehen, sich zu zeigen, auch mit seinen Schwächen und Begrenzungen. Die kleine Anne, die sich damals im Hotel mit einer Selbstverständlichkeit und einer gesunden Selbstverliebtheit vor dem Spiegel anschaute, war auch später in der Lage, sich in ihren Schwächen auf einer Bühne zu präsentieren. Dies tat ihrer Identität keinen Abbruch. Wenn wir in unserer Identität sicher sind, stellen wir sie nicht gleich infrage, weil wir Fehler machen und unsere Schwächen zeigen. Das ist die Grundlage, um zu lernen und besser zu werden.

Fragen:

- Fühle ich mich manchmal in einem christlichen System gefangen?
- Die Art, wie ich mich gebe, was ich tue, bin das wirklich ich? Oder tue ich es aus Pflichtgefühl?
- Kann ich andere in dem, was und wie sie glauben oder nicht glauben, stehen lassen oder fühle ich mich durch sie bedroht? Wie reagiere ich?
- Welches Bild habe ich von mir selbst? Akzeptiere ich mich so, wie ich bin?
- Wie ist es für mich, in einen Spiegel zu schauen?

11. Ins eigene Leben finden

Das Ungeliebte annehmen

Ich befinde mich in einer Gesamtschule, in der ich ein Freizeitprojekt anbiete. Heute nehmen nur drei Schüler daran teil. Leon fühlt sich im Vergleich zu seinen Mitschülern minderwertig. Nicht nur, dass er einen Kopf kleiner ist als sie, er ist auch nicht so gelenkig, um sich wie sie in nahezu akrobatischem Breakdance auf dem Boden zu bewegen. Sein Standardsatz lautet: »Ich kann das nicht!« Seine Methode: Rückzug und Vermeidung.

Ich mache Leon einen Vorschlag: »Wenn ich jetzt Musik einspiele, stell dich einfach mal hin, schließ deine Augen und warte, ob vielleicht irgendeine Bewegung kommt, und wenn es nur der kleine Finger ist. Lass sie einfach entstehen. Wir anderen passen auf, dass du nirgendwo anstößt.«

Die Musik läuft, es passiert längere Zeit nichts. Die anderen beiden Jungen fangen schon an zu kichern. Doch schließlich beginnt Leon mit ganz kleinen, zaghaften Bewegungen. Angefeuert durch seine Mitschüler wird er immer mutiger und tanzt frei und wild mit geschlossenen Augen. Die anderen Jungen bieten ihm den Schutzraum – ein guter Lerneffekt – und klatschen Beifall.

Am Schluss bedankt Leon sich bei mir und sagt mit strahlendem Gesicht: »Ich wusste gar nicht, dass ich das kann.«

Genau das ist es, was wir Menschen brauchen, um unser Potenzial zu entfalten: erstens einen Schutzraum, in dem wir gehalten werden, auch wenn wir Fehler machen und Gefahr laufen, die Richtung zu verlieren, und zweitens das »Anfeuern«, die Bestätigung und die Ermutigung.

Wie viel mehr braucht es ein kleines Kind, das noch ganz und gar abhängig ist von seiner Bezugsperson. In der Bindung an diese Person lernt es ganz allmählich, sein eigenes Ich zu finden. Im Gesicht der Mutter, das es anschaut, sieht es die Stimmungen und Gefühle, schaut es wie in einen Spiegel, nimmt die Mimik wahr und erkennt damit allmählich sich selbst. Wie wunderbar ist es, sich ganz und gar ohne Wenn und Aber angenommen und geliebt zu fühlen.

Als wir in lockerer Runde in unserer Ausbildungsgruppe zusammensitzen und miteinander plaudern, berichtet eine Mutter von einem Erlebnis am frühen Morgen. Ihre beiden kleinen Kinder sind zu ihr ins Bett gekrochen, so wie sie es an jedem Morgen tun.

Plötzlich fragt das Mädchen: »Mama, hast du mich gewollt, hast du mich ausgesucht?«

Die Mutter antwortet: »Aber ja, klar wollte ich dich, dich und keine andere.«

Darauf sagt das Mädchen: »Ich wollte auch nur dich als Mama haben. Als du gekommen bist, um dir ein Kind auszusuchen, habe ich ganz laut gerufen: Ich, ich, ich!«

Was für eine schöne Geschichte! In der Runde unterhalten wir uns weiter über bedingungslose Liebe. »Ich liebe meine Kinder«, sagt die Frau, »auch dann, wenn ich mich über sie ärgere, auch wenn sie manchmal unausstehlich sind. Meine Liebe ist immer da!« Wie schön!

Wie anders war es bei Britta, die mir erzählt, dass sie nie in ihrem Leben von ihrer Mutter die Worte »Ich hab dich lieb« gehört hat. Als Erwachsene hat sie endlich den Mut zu fragen: »Mutti, hast du mich eigentlich geliebt?« Sie bekommt nur eine ausweichende Antwort: »Ach Kind, Liebe!« Diese Worte tun weh. Wie vielen Menschen ist es ähnlich ergangen? Nicht nur Kinder, die Gewalt erfahren haben, tragen Verletzungen davon. Nicht gesehen zu werden, keine Bestätigung zu bekommen, verletzt ein Kind zutiefst und wirkt sich auf das spätere Leben aus.

Unsere Identität und das Verletzte in uns

Identität meint vollständige Übereinstimmung. Das lateinische Wort »identitas« bedeutet »Wesenseinheit« und drückt aus, wer ich bin, was mich ausmacht und von anderen unterscheidet.[9]

Nun stellen Sie sich vor, ein verletztes Kind, das in seiner eigenen Identität verstört und verunsichert ist – innerlich im Stall, äußerlich aber auf der Rennbahn unterwegs –, trifft auf ein leistungsorientiertes System. Leider stoßen in unserer Gesellschaft unsere inneren Antreiber: »Ich muss es allen recht machen! Ich muss stark sein! Ich muss etwas leisten, um geliebt und anerkannt zu werden!«, auf offene Ohren. Das heißt, wir werden in unserer falschen Identität bestärkt. Auch in ein christliches Wertesystem passt diese Haltung hervorragend. Was passiert dann mit einem solchen zutiefst verunsicherten Kind?

Ich will Ihnen von Irene erzählen, die in ihrer Ursprungsfamilie keinen sicheren Ort hatte. Ihre Eltern glänzen hauptsächlich durch Abwesenheit, beide sind in ihrem Beruf sehr eingespannt. Irene lernt schon früh, sich selbst durchzuschlagen. Sie macht aber auch eine andere Erfahrung: »Wenn ich mich anstrenge und für meinen Papa arbeite, bekomme ich Lob und Anerkennung von ihm. Dann ist er stolz auf mich.« So wird sie sehr schnell zu einer kleinen Erwachsenen.

Dann lernt sie durch ihre Freundin eine Familie kennen, die ganz anders ist. Hier wird sie herzlich aufgenommen, erfährt Liebe und Geborgenheit. Bald werden die Bekannten ihrer Freundin eine Art Ersatzeltern für sie und eine wirkliche Anlaufstelle. Irene verbringt weitaus mehr Zeit mit dieser Familie als mit ihrer eigenen.

Es handelt sich um eine christliche, missionarisch sehr engagierte Familie. Daher lernt Irene nun auch die Bibel kennen, in der sie interessiert und höchst motiviert liest. »Ich wollte unbedingt alles richtig machen!«, erklärt sie mir heute. Irgendwann stößt sie auf einen Vers aus dem Lukasevangelium: »Wer mir folgen will, der verleugne sich selbst und nehme sein Kreuz auf sich täglich und folge mir nach. Denn wer sein Leben erhalten will, der wird es verlieren; wer aber sein Leben verliert um meinetwillen, der wird's erhalten. Denn welchen Nutzen hätte der Mensch, wenn er die ganze Welt gewönne und verlöre sich selbst oder nähme Schaden an sich selbst?« (Lukas 9,23-25)

»Ich habe mich damals gefragt«, berichtet Irene, »was sich selbst verleugnen bedeutet. Da fiel mir die Geschichte von Petrus ein, der Jesus kurz vor seinem Tod dreimal verleugnet hat. Hier wird das gleiche Wort benutzt. Mein Fazit: Petrus hat so getan, als würde er Jesus nicht kennen. Genauso muss ich es machen. Ich muss so tun, als würde ich mich nicht kennen, als würde es mich gar nicht geben!«

Was für eine furchtbare Schlussfolgerung und was für ein fatales Missverständnis! In diesem Vers geht es ja gerade darum, sich selbst nicht zu verlieren, seine Seele nicht zu verkaufen, nur um »seine Haut« oder sein Hab und Gut zu retten. Jesus, der diese Aussage macht, ist sich selbst und seiner Berufung treu geblieben bis zum Tod. Doch wie sollte Irene diesen Text anders verstehen, da er doch nur ihre kindlichen Erfahrungen und Empfindungen bestätigte, die lauteten: »Ich werde nicht gesehen. Ich bin gar nicht da. Nur, wenn ich mich ganz doll anstrenge und alles richtig mache, dann werde ich wahrgenommen und sogar gelobt.« Das übertrug sie nun auch auf Gott. Die Antennen waren nach außen ausgefahren. Der Kontakt zu ihr selbst fehlte.

Irene ist auch als Erwachsene noch im Außen unterwegs, hat keinerlei Zugang zu dem verletzten kleinen Mädchen, das tief in ihr nach Liebe und Anerkennung schreit. Es ist verheerend, wenn dieses kleine Mädchen dann auch noch hören muss: »Mach Platz für Jesus, stell ihn an die erste Stelle deines Lebens, dann ist alles gut.« Nein, nichts ist gut. Jesus möchte das kleine Mädchen nicht ersetzen, er will es heilen, tröstend in die Arme schließen und ihm sagen: »Es ist so schön, dass es dich gibt. Ich bin stolz auf dich.«

Leider ist Irene kein Einzelfall. Verletzte, in ihrer Identität verunsicherte Menschen sind regelrechte Meister darin, alles gegen sich selbst auszulegen. Leider können Bibelworte erheblich zu dieser Sichtweise beitragen. Ich selbst habe sie lange genug durch den Filter meiner Selbstverachtung gelesen. So trafen sie voll ins Schwarze. Wie sagte schon der Kirchenvater Augustinus? »Das Wort Gottes ist der Gegner deines Willens, bis es der Urheber deines Heils wird. Solange du dein eigener Feind bist, ist auch das Wort

Gottes dein Feind. Sei dein eigener Freund, dann ist auch das Wort Gottes mit dir im Einklang.«[10]

Rein äußerlich betrachtet – in Feindschaft zu mir selbst – scheint tatsächlich alles gut zu sein, wenn wir uns selbst verleugnen, wie Irene es tat. Es funktioniert. Ich begegne nicht meinem inneren Schmerz. Auf diese Weise, indem ich nach außen funktioniere, halte ich mein Inneres Kind ruhig, muss mich nicht mit ihm auseinandersetzen.

Wenn wir das Wort Identität auf diesem Hintergrund anschauen, erkennen wir jedoch, dass hier etwas ganz und gar nicht deckungsgleich ist. Da passt etwas nicht zusammen. Ich bin in mir selbst zerteilt, gespalten. Ich bin förmlich auseinandergerissen, deshalb reiße ich mich zusammen! »Zusammenreißen« – was für ein seltsames Wort. Es ist unvorstellbar, etwas zusammenzureißen. Man reißt es doch auseinander und nicht zusammen. Ein Synonym für zusammenreißen ist das Wort »zurückhalten« oder »an sich halten«.

In einem Tanzworkshop sagte mir einmal ein Teilnehmer, der während einer Einheit, die ihm sehr naheging, für kurze Zeit den Raum verlassen hatte: »Ich will hier nicht losheulen.« Man spürte förmlich, wie er an sich hielt, nach außen die Tür verschloss. Das musste er, damit das Abgerissene in ihm, das Zerrissene nicht zum Vorschein kam. Er musste sich zusammenreißen.

Oder musste er es vielleicht doch nicht? Im Tanzworkshop hätte er sich zeigen dürfen. Selbstverständlich braucht es dafür einen geschützten Raum, einen sicheren Boden, und in diesem Seminar war genau dieser vorhanden. Dennoch verstand ich ihn nur allzu gut, denn es gab hier viele Weggefährten von ihm, Menschen, die ihn kannten. Was würden die nun denken, wenn sie plötzlich etwas zu hören oder zu sehen bekamen, was sie bei dieser Person nie vermutet hätten? Es ist ungeheuer schwer, echt und ehrlich zu sein. Und so verstecken wir unsere ungeliebten Seiten nicht nur vor den anderen, sondern letztlich auch vor uns selbst, indem wir leugnen, dass es sie gibt. Da kann es manchmal hilfreich sein, wenn Menschen uns mit der Nase darauf stoßen, selbst wenn es vielleicht zunächst ausgesprochen platt erscheint.

Die Sache mit der Scham

Nach einem Gottesdienst komme ich mit einer Pfarrerin ins Gespräch und berichte ihr von einem Problem, das ich habe. Ein Satz
von ihr treibt mich danach mächtig um: »Ille, ich glaube, du hast
noch nicht alle Teile deiner Persönlichkeit angenommen!«

Das sitzt. Doch was meint sie damit? Immerhin habe ich schon
eine große Wegstrecke meiner Aufarbeitung durch Seelsorge, Therapie etc. zurückgelegt, bin aus dem Käfig meiner Angst ausgestiegen. Was bitteschön soll ich denn noch nicht angenommen haben?

Im Laufe der Zeit entdecke ich allerdings, wie sehr ich trotz aller
inneren Heilung, die ich bereits erlebt habe, immer noch mit der
Frage beschäftigt bin, wie ich auf andere wirke. Sind sie zufrieden
mit mir oder führen sie insgeheim eine Mängelliste? Nehmen sie
mich ernst oder machen sie sich im Stillen über mich lustig? Das
geschieht oft unbewusst, kann aber in irgendeiner Weise nach außen
sichtbar werden.

Ein ganz simples Beispiel illustriert dies. Es mag Ihnen lächerlich
erscheinen, vielleicht aber kennen Sie Ähnliches von sich selbst. Ich
sitze in einem Seminar. Wir sollen uns der Reihe nach in ein paar
kurzen Sätzen vorstellen. Je näher der Augenblick kommt, in dem
ich an der Reihe bin, desto schneller schlägt mein Puls. Ich habe das
Gefühl, dass mein Herz sich nicht mehr in meiner Brust befindet,
sondern sich in meinen Hals verlagert hat, direkt an meine Kehle.
Es droht jeden Augenblick herauszuspringen. Das ist sehr unangenehm, aber noch nicht allzu schlimm, da die anderen es ja nicht
mitbekommen. Doch dann spüre ich eine unangenehme Hitze, die
mir allmählich über den Hals ins Gesicht steigt. Mein Kopf glüht.
Und spätestens jetzt wird mir klar: Mein Zustand lässt sich nicht
mehr vor den anderen verbergen, meine Gesichtsfarbe ist für alle
sichtbar, dunkelrot gleich einer Tomate.

Mit dieser Reaktion bin ich bei Weitem nicht allein, das weiß
ich. Nicht wenige Menschen haben damit Probleme. Wie oft schon
habe ich bei Referenten hektische rote Flecken am Hals bemerkt.
Und doch leide ich darunter, dass ich rot werde, denn ich kenne

diese Situation von der Schule: Ein Lehrer spricht mich an, ich werde rot, die Klasse lacht und lästert über mich.

Mir ist klar, woher diese Scham kommt, die sich auf meinem Gesicht abzeichnet. Als kleines Mädchen bin ich durch den sexuellen Missbrauch zutiefst beschämt worden. Diese kranke Scham hat mich lange Zeit begleitet, aber auch in anderen Situationen habe ich Beschämung erfahren.

Der Gründer und ehemalige Leiter der Taizé-Bewegung Frère Roger sagte einmal in einem Interview, dass er sich in der Begegnung mit Menschen immer die Frage stelle, durch wen oder was sie beschämt wurden. Viele, vielleicht die meisten Menschen haben irgendwann in ihrem Leben Beschämung erlebt. Sexueller Missbrauch ist eine der größten Beschämungen überhaupt, weil die Grenze des intimen Raumes niedergetreten wird. Doch daneben gibt es viele andere Arten, Spott und Ironie zum Beispiel sind grausame Beschämungsmethoden. Hiermit meine ich nicht unbedingt die feine und gekonnte Ironie einer satirischen Sendung, obwohl auch hier manchmal Grenzen überschritten werden, sondern die Art von Sarkasmus, die sich boshaft auf Kosten anderer lustig macht, sie verhöhnt und erniedrigt.

Das Fatale: Wir können von Opfern zu Tätern werden. Ich selbst habe Ironie eingesetzt, um mich gegen den Spott anderer zu schützen. Sie war sozusagen meine Grenze. Während meiner theologischen Ausbildung hatte ein Kommilitone oft einen Spruch parat: »Ille am Morgen, Sarkasmus aufs Brötchen!« Er hatte recht. Das war meine Waffe. So werden Beschämte zu Beschämern.

Beschämung ist auch, wenn es sogenannte doppelte Botschaften gibt. Wenn man ein Lob ausspricht, das in Wahrheit ironisch gemeint ist, und die Empfänger die darin versteckte Ironie gar nicht mitbekommen und so zum Lacher für die Anwesenden werden.

In meinem ersten Jahr auf dem Gymnasium gibt uns die Lehrerin im Fach Handarbeiten, das ich mein Leben lang gehasst habe, die Aufgabe, eine Blumenampel aus Bast zu flechten. Sie stellt uns das Protomodell vor und erklärt die Arbeitsgänge. Am Tag des Abgabetermins bin ich mit meinem Exemplar zur Schule unterwegs, habe allerdings ein mulmiges Gefühl im Bauch, denn meine Blumenampel entspricht so gar nicht dem Modell der Lehrerin. Sie hat eine völlig andere, weit ausladende Form. Mir gefällt sie, was aber wird meine Lehrerin dazu sagen?

Als die Lehrerin mein Werk betrachtet, hält sie es hoch und zeigt es der Klasse mit den Worten: »Es sieht ganz anders aus, ist aber wirklich ein schönes Stück und irgendwie besonders!«

Ein Gefühl von Stolz steigt in mir auf, denn ich nehme das Lob der Lehrerin für bare Münze. Dass es in Wahrheit ironisch gemeint war, bekomme ich erst mit, als sie die Zensuren vorliest. »Strauch: sechs!«, ertönt es durch die Klasse.

Ich verstehe die Welt nicht mehr. Fortan bin ich verunsichert im Umgang mit dieser Lehrerin. Kann ich ihr trauen, kann ich mir selbst trauen, wenn ich etwas anders mache, als sie es erwartet? Ist es dann gut oder ist es schlecht?

Eine Beschämung trifft uns in unserer Würde und Identität, verunsichert zutiefst und kann je nach Schwere Folgen für das ganze Leben haben.

Doch zurück zu meinem Errötungsproblem: Ich selbst habe inzwischen so viel Heilung erlebt, deshalb frage ich mich: Warum werde ich immer noch rot? Manchmal ist die Angst davor so groß, dass ich erst recht rot werde.

»Ich will das endlich weghaben!«, sage ich einmal genervt zu meiner Therapeutin.

Doch die antwortet mir: »Nimm es an, lass es zu. Je mehr du dagegen ankämpfst, desto weniger wird es verschwinden.«

Zugegeben, es gefällt mir nicht, was sie sagt, aber es leuchtet mir ein. Da ist die kleine Ille, das Mädchen von damals, das sich schämt, und da ist die erwachsene Ille. Letztere möchte einen guten, eben erwachsenen Eindruck machen. Deshalb stößt sie die Kleine (das Innere Kind) weg. »Hau ab, du darfst dich nicht zeigen.« Noch schlimmer: »Ich will dich nicht. Du gehörst nicht zu mir!« Die Kleine erfährt Ablehnung und wird erneut beschämt. Ihre existenzielle Scham wird damit bestätigt und verstärkt. Jetzt schämt sie sich erst recht. Erlaubt die Erwachsene aber der Kleinen, sich zu zeigen, stellt sich zu ihr und erklärt ihr: »Es macht nichts, wenn du rot wirst, ich bin bei dir und unterstütze dich. Wir beide sind ein tolles Team«, dann können die Scham und das Rotwerden irgendwann ganz von allein verschwinden. Ich nehme mir den Rat zu Herzen, sage mir: »Was soll's, dann werde ich eben rot«, und gebe mir damit quasi selbst die Erlaubnis dazu.

Und tatsächlich, irgendwann habe ich mich gefragt, wann ich eigentlich das letzte Mal rot geworden bin. Es muss schon lange her sein. Im Laufe der Zeit hat es sich einfach in nichts aufgelöst.

Jede Wunde, die heilen soll, muss zunächst wohlwollend und liebevoll angeschaut werden. Wenn ich etwas in mir verneine, ignoriere oder versuche, es zu verbergen, kann es nicht heilen.

Fragen

- Was mag ich nicht an mir? Warum?
- Nutze ich Strategien, um es zu verbergen? Welche?
- Wie wäre es, wenn ich dieses Ungeliebte willkommen heißen würde?

Das Würdige würdigen

In den Psalmen, dem Liederbuch der Bibel, steht die Mut machende Aussage: »Der Herr ist nahe denen, die zerbrochenen Herzens sind« (Psalm 34,19). Das heißt nichts anderes als: »Du bist willkommen mit deinen Wunden. Du musst sie nicht verstecken.«

Doch es gibt auch Menschen, die haben gar nicht mehr die Kraft, ihre Lebenswunden zu verbergen. Schon von Weitem ist ihnen ihre Zerbrochenheit anzusehen, selbst wenn sie sich noch so darum bemühen, sie zu verstecken. Reinhard Mey beschreibt das sehr einfühlsam in seinem Lied »Selig sind die Verrückten«. In den Strophen erzählt er einerseits von einem Pfarrer, der nach außen seinen Mann steht und in der Abenddämmerung heimlich die Weinflaschen zum Container bringt, andererseits aber auch von Menschen, denen man ihre Zerbrochenheit ansieht, die nicht mehr ins gesellschaftliche Bild passen. Im Refrain heißt es dann:

Selig, die Abgebrochenen,
Die Verwirrten, die in sich Verkrochenen.
Die Ausgegrenzten, die Gebückten,
die an die Wand Gedrückten.
Selig sind die Verrückten.[11]

Wenn ich dieses Lied höre, habe ich oft eine Frau vor Augen, der ich während meiner Zeit als Krankenschwester begegnet bin.

Es ist ein früher Sonntagmorgen. Ich arbeite auf der inneren Abteilung eines Krankenhauses in Wuppertal. Wie ein Häufchen Elend sitzt vor mir eine Frau um die sechzig, verdreckt, heruntergekommen und verwahrlost. Man hat sie in der Stadt aufgelesen und zu uns gebracht. Doch in diesem Zustand können wir ihr nun wirklich kein Bett bieten. Ihre Haare hängen in langen, klebrigen Strähnen herunter, hoffnungslos verfilzt. Die Finger- und Fußnägel sind schwarz wie die Nacht und krallenartig verbogen, ihre Kleidung ist nass und verklebt, durchtränkt von Urin und Erbrochenem. Ein penetranter, nahezu unerträglicher Gestank geht von der Frau aus. Mir dreht sich mein noch nüchterner Magen um.

»Wie muss jemand leben, um derart zu verwahrlosen«, frage ich mich. Doch es ist nun mal meine Pflicht, diese Frau in einen einigermaßen gesellschaftsfähigen Zustand zu versetzen, und als leitende Krankenschwester muss ich meinen Kolleginnen mit gutem Beispiel vorangehen. Widerwillig und mechanisch verrichte ich meine Arbeit, äußerlich ruhig und freundlich, innerlich erfüllt von Ekel und Abscheu. Dann allerdings beginne ich, mich selbst zu verabscheuen. Wie kann ich dieser Frau mit einer solch abwertenden Haltung begegnen? Ich schicke ein Stoßgebet zum Himmel. Plötzlich steht vor mir eine Aussage aus dem Matthäusevangelium (25,40): »Was ihr getan habt einem von diesen meinen geringsten Brüdern, das habt ihr mir getan.« In diesem Augenblick verändert sich etwas. Mich durchströmen eine tiefe Zuneigung zu dieser Frau und eine innere Kraft. Der anfängliche Ekel verschwindet mehr und mehr. Ich erkenne: Diese Frau hat Würde. Ja, sie ist als Mensch ein Ebenbild Gottes und mit göttlicher Würde ausgestattet, selbst in ihrem desolaten Zustand.

Ob die Frau etwas von meiner veränderten Haltung gespürt hat? Ich hoffe es. Jedenfalls liegt sie später sauber und mit einem lächelnden Gesicht – wie eine Königin – in einem schneeweißen Bett.

Wie sehr können sich Menschen in unseren Augen verändern, wenn wir sie nicht mehr nur nach ihrer äußeren Darstellung beurteilen, sondern die Würde in ihnen entdecken. Diejenigen, deren Aussehen und Verhalten äußerlich mit Glanz und Gloria daherkommt, sollten wir nicht danach beurteilen, sondern tiefer blicken. Das gilt auch für uns selbst. In der Bibel heißt es, als David, der jüngste und rein äußerlich am wenigsten geeignete Sohn Isais zum König ernannt wird: »Ein Mensch sieht, was vor Augen ist; der Herr aber sieht das Herz an« (1. Samuel 16,7).

Das Herz steht in der Bibel sozusagen für die innere Zentrale, das Zentrum, den Kern unserer Werte und unserer Motive. Es steht für das, was uns ausmacht, was wir sind. Genau dort sitzt unsere Identität. Dieses Zentrum ist der Ort, wo unsere Verletzungen, aber auch unsere Ressourcen gehütet sind, umschrieben mit dem Inneren Kind. Dieses Innere Kind ist mit Würde ausgestattet. Es braucht Beachtung und echte Zuwendung. Allzu oft fertigen wir es nur ab, speisen es ab mit abweisenden Sätzen, indem wir uns selbst sagen: »Reiß dich zusammen. Es geht dir doch gut. Hab dich nicht so!«

Wieder sind wir bei den schnellen Lösungen, bei den Vermeidungen, die uns ein Leben auf der Rennbahn bescheren. Ganz eindrücklich habe ich das bei Katja erlebt.

Ein schnelles Gebet?

Katja kommt von einem Seelsorgeseminar und hat sich noch ein paar Tage freigenommen, um das Erlebte in einigen Einheiten zu vertiefen. In diesem christlichen Seminar ist bei ihr einiges aufgebrochen. Sie ist ihrem Schmerz und ihrem verletzten Inneren Kind begegnet. Im Laufe unserer Arbeit spüre ich ihren Frust.

»Warum ist es nicht weg?«, fragt sie mich.

»Was soll denn weg sein?«, entgegne ich.

»Diese Traurigkeit und vor allen Dingen die Angst. Ich habe den ganzen Ballast, die Altlasten im Gebet zu Jesus gebracht und symbolisch ans Kreuz gelegt. Wir haben sie in der Gruppe gemeinsam an Jesus abgegeben. Und doch sind sie immer wieder da«, stößt sie enttäuscht hervor. »Warum nur kriege ich das nicht gebacken?«

Ich lade sie ein, diesen Ballast, diese Altlasten noch einmal symbolisch »vom Kreuz zurückzuholen« und in die Mitte des Raumes zu legen. Sie legt ein Paket aus Tüchern und Schnüren auf den Boden. Dann nimmt sie eine kleine Puppe mit einem traurigen und leeren Blick und legt sie unter das dicke Bündel. »So sieht das aus«, sagt sie. »Die Puppe darunter bekommt keine Luft.«

»Da hätte ich auch Angst«, sage ich verständnisvoll. Ich schlage ihr vor, wenn sie es möchte, den Tücherberg an einer Stelle ein ganz klein wenig zu öffnen, damit »das Kind« wenigstens atmen kann. Sie tut es und setzt sich wieder auf ihren Platz. Es ist wirklich nur ein kleiner Spalt, die Puppe ist nur zu erahnen, nicht wirklich zu sehen.

»Magst du mal hingehen zu diesem Spalt und ganz vorsichtig hineinschauen?«, frage ich Katja.

Zögernd nähert sie sich der Öffnung, hebt den Stoff noch ein bisschen an. »Ich sehe sie«, sagt Katja.

»Und, sagt sie dir etwas oder möchtest du jetzt etwas tun?«, frage ich.

»Ich glaube, sie möchte zu mir.« Ganz vorsichtig und auch etwas widerwillig holt Katja die kleine Puppe hervor, hält sie in der Hand, weit von sich weg, als sei sie eine Bombe, die jeden Moment explodieren könnte.

Ich verstehe Katja so gut. Die Puppe verbindet sie mit ihrem Schmerz und ihren Ängsten. Kein Wunder, dass Katja sie lieber tief unter den Decken vergraben halten oder »ans Kreuz« bringen möchte.

Dann sitzt Katja eine Weile mit der kleinen Puppe in der Hand nur schweigend da und schaut sie an. Es ist ganz still im Raum. Plötzlich sagt sie: »Ich weiß, es klingt völlig verrückt, aber ich habe das Gefühl, die Puppe schaut jetzt offener. Der Blick ist nicht mehr so leer. Das ist ja Quatsch und kann gar nicht sein, trotzdem empfinde ich es so.«

Ich finde das ganz und gar nicht lächerlich. Kennen wir das nicht auch im übertragenen Sinn? Dass sich, wenn wir etwas oder jemanden offen anschauen, wirklich anschauen, diese Sache oder diese Person plötzlich verändert? Katjas Bereitschaft, ihr Inneres Kind nicht mehr zu vergraben oder ihm mit Ekel zu begegnen, sondern sich ihm zuzuwenden, hat diese Veränderung bewirkt. Währenddessen liegt der »Ballast«, der Tücherberg, immer noch auf dem Boden, hat aber im Augenblick ganz und gar an Bedeutung verloren. Katja und die Puppe – nur sie und ihr Inneres Kind sind entscheidend. Im Nachhinein wird ihr bewusst, dass sie mit ihrem Ballast auch dieses Innere Kind weggegeben hat. Deshalb war es so wichtig, den Ballast und damit das Kind wieder hervorzuholen.

Verstehen Sie mich nicht falsch. Ich selbst habe in meiner Aufarbeitungszeit, auf dem Weg meiner Heilung, die Kraft und Wirkung von Gebet erlebt. Das Gebet ist für mich ein wunderbarer Weg. Und trotzdem sind wir manchmal zu schnell damit, Dinge einfach abzugeben. Das Verheerende ist, dass wir in diesem Fall die Vermeidung und innere Abspaltung noch unterstützen. Statt sich ihrem Schmerz zuzuwenden, wollte Katja ihn loswerden, und das möglichst schnell. Da kommt Jesus scheinbar gerade recht, von dem es heißt: »Alle eure Sorge werft auf ihn, denn er sorgt für euch!« (1. Petrus 5,7). Hier sind aber die Sorgen um das tägliche Leben gemeint, das Zersorgen, das uns den Raum zum Leben nimmt und das uns lähmt und krank macht.

Selbstverständlich wünschen wir uns, heil zu werden, und das möglichst schnell. Was aber bedeutet das denn? »Papa, heile machen!«, sagt ein Kind und gibt seinem Vater ein kaputtes Spielzeug. Was meint es damit? Das Spielzeug soll wieder ganz werden, intakt und vollständig. Dafür muss man keine Teile weggeben, sondern diese zusammenfügen, vielleicht auch etwas kleben.

In einem Fall wie dem von Katja heißt das, wir müssen nicht etwas abgeben oder »ans Kreuz bringen«, sondern es vielmehr annehmen, den Schmerz, die Trauer und die Wut zulassen und diesen Gefühlen den Raum öffnen. Nur so kann etwas zusammenkommen, was über Jahre und Jahrzehnte getrennt war: der Erwachsene und das Innere Kind. Denn in diesem Inneren Kind sind auch die Persönlichkeit, die Kreativität, die Ursprünglichkeit versteckt, nicht nur die Verletzung. »Das Kind in dir muss Heimat finden!«, so lautet der wunderbare Titel eines Buches der Diplompsychologin Stefanie Stahl.[12] Sie unterscheidet in ihren Ausführungen zwischen dem Schatten- und dem Sonnenkind. In ihrem Arbeitsbuch beschreibt sie drei Schritte zum starken Ich:

1. Lerne dein Schattenkind kennen!
2. Stärke das Erwachsenen-Ich!
3. Entdecke dein Sonnenkind![13]

In Bezug auf Katja heißt dies: Als sie die kleine Puppe unter den Decken hervorholt, handelt die Erwachsene. Dieses Erwachsenen-Ich zu stärken, ist deshalb wichtig, weil es in der Lage ist, das verletzte Innere Kind zu trösten und zu beruhigen. Es tritt aber auch als sein Anwalt auf, wenn es verletzt wurde, indem es ihm sagt: »Du hattest keine Schuld. Dir wurde Gewalt angetan. Du warst das Kind, nicht die Erwachsene! Damals warst du hilflos ausgeliefert. Jetzt bist du es nicht mehr. Ich, die Erwachsene, stehe für dich ein.«

Die Transaktionsanalyse von Eric Berne (1910–1970) stellt als weitere Persönlichkeitsebene neben das Kind-Ich (bei anderen: das Innere Kind) und das Erwachsenen-Ich, das unterstützende und kritische Eltern-Ich, in dem alle Informationen unserer Bezugspersonen zu finden sind. Es sind unter anderem die inneren Ge- und Verbote, die sich oft genug als Eltern-Ich zu Wort melden. Wenn ein Kind zum Beispiel mit Durchhalteparolen »gefüttert« wurde, nach dem Motto: »Was man angefangen hat, das bringt man auch zu Ende«, und nun als Erwachsener einen Weg als falsch erkennt und ihn korrigiert, meldet sich das Eltern-Ich in Form eines »schlechten Gewissens«. Trotz der festen Überzeugung, dass diese Korrektur richtig ist, bleibt oft ein ungutes Gefühl.

Eine Christin sagt mir in einem Telefongespräch: »Mir wird immer wichtiger, dass nicht ich für Gott etwas tun muss, sondern dass er durch mich etwas tut. Eine neue Erkenntnis, die mein Leben befreit hat. Und doch kommt immer mal wieder diese Frage in mir auf, ob das denn so richtig ist. Das sitzt so tief, als wäre es in mich eingebrannt.«

Ich habe den Eindruck, dass gerade bei Christen das kritische Eltern-Ich sehr stark ausgeprägt ist, weil hier noch eine höhere Instanz ins Spiel kommt. Es fühlt sich anders an, ob »nur« die Eltern oder andere Vorbilder etwas sagen oder ob ein Gott dahintersteht, der die Fähigkeit besitzt, in mein Innerstes zu schauen und meine Haltungen zu entlarven. In meiner Kindheit war dieser Gott einerseits mein Beschützer, der mich liebte. Doch wenn ich mich nicht seinem Willen entsprechend verhielt, liebte er mich nicht mehr. Ich glaube nicht mal, dass ich es von meinen Eltern jemals so gehört habe. Was ich aber oft hören musste, war, dass Gott traurig ist, wenn ich mich nicht richtig verhalte. Und ein Gott, den ich traurig mache und enttäusche, kann mich nicht lieben, er muss mich ablehnen, das war meine Überzeugung. Deshalb musste ich mich selbst ablehnen und so die vermeintliche Perspektive Gottes und meiner Eltern mir selbst gegenüber einnehmen, denn nur so konnte ich meine Situation ertragen. Auf der Anklagebank zu sitzen fühlt sich schlecht an. Aber da sitze ich nun und kann nicht weg. Was mache ich? Ich nehme mit den anderen die Rolle des Staatsanwaltes ein und klage mich selbst an. Wie vielen Menschen ist es wohl ähnlich ergangen?

Bei Katja, die ihr Inneres Kind mitsamt dem Schmerz an Jesus abgegeben hatte, stellt sich Ihnen vielleicht die Frage, warum das denn so falsch sein soll. Ist dieses Kind denn nicht bei Jesus gut aufgehoben? Ich möchte Ihnen zum besseren Verständnis von einem

Ereignis an einem therapeutischen Wochenende erzählen, das ebenso komisch wie berührend ist.

An diesem Wochenende arbeiten wir mit einigen Frauen an diesem Inneren Kind. Während einer Einzelarbeit mit Claudia liegt unser Golden Retriever namens Itthai schlafend in der Ecke auf seinem Kissen. Claudia hat als Symbol für Gott eine große goldene Krone auf den Boden gelegt. Für ihr Inneres Kind hat sie einen kleinen Stofflöwen ausgesucht, der auch die Stärke symbolisiert, die sie eigentlich in sich selbst spürt. Andererseits ist da viel Traurigkeit über Ungelebtes. So hat sie das Bedürfnis, diesen kleinen Löwen zu Gott zu bringen, damit er von ihm getröstet wird. Etwas ratlos sagt sie zu mir: »Der Löwe (Kind) muss irgendwie zu der Krone (Gott) kommen. Soll ich ihn einfach dorthin bringen?«

In diesem Augenblick rekelt sich unser Hund, erhebt sich gähnend und trottet zu der ungewohnten Dekoration auf dem Fußboden. Er geht schnuppernd zuerst zum Löwen, dann zur Krone, die er ebenso beschnuppert, und tut nun etwas Erstaunliches: Er stupst mit seiner Schnauze die Krone an und schiebt sie langsam über den Boden bis zu dem Löwen. Als das erledigt ist und die Krone direkt neben dem kleinen Löwen liegt, macht er kehrt und trottet zurück auf seine Schlafdecke, um weiterhin seinen Hundeträumen zu frönen. Zuerst müssen wir herzhaft lachen. Doch dann wird uns bewusst, was Itthai, dessen Name kurioserweise auch noch »Gott ist mit mir« bedeutet, uns so anschaulich »erklärt« hat. Der kleine Löwe – das Innere Kind – muss nicht zu Gott gebracht werden. Gott ist längst bei dem Kind. Er hat sich auf den Weg zu uns gemacht, nicht umgekehrt. Das ist die Kernbotschaft des christlichen Glaubens. Messerscharf können wir daraus schließen: Wenn ich mich auf mein Inneres Kind zubewege, bewege ich mich auch auf Gott zu. Das ist nicht voneinander zu trennen.

So erlebe ich es auch bei einer Imagination während meiner tanztherapeutischen Ausbildung: Wir machen eine imaginäre Reise, also eine Fantasiereise nach innen, in unseren innersten Raum. Ich sehe dort die kleine Ille mit einem Strickkleid und dicker Wollstrumpfhose, so wie ich sie früher tatsächlich getragen habe, bei

Jesus auf dem Schoß sitzen. Als ich – nun erwachsen – meinen inneren Raum betrete, schauen mich beide erfreut an und sagen wie aus einem Mund: »Da bist du ja!«

Oft haben mich Menschen gefragt: »Wie finde ich denn Kontakt zu meinem Inneren Kind?« Die Frage ist mit einer anderen fast identisch: »Wie finde ich Kontakt zu meinen Gefühlen?« Wenn ich mit meinen Gefühlen, zum Beispiel mit meinen Ängsten, in Berührung komme, bringt mich das zu meinem Inneren Kind.

Doch auch andere Fragen können mich zu meinem Inneren Kind führen, wie zum Beispiel: Was macht mir Freude? Wann fühle ich mich glücklich? Wann fühle ich mich sicher? Eine Frage, die ich mir manchmal nach einem langen Tag stelle, ist: »Gab es heute einen Augenblick, in dem ich mich richtig glücklich gefühlt habe? Was hat dieses Gefühl ausgelöst?«

Auch der Spur unserer Sehnsucht zu folgen, kann uns zu unserem Inneren Kind bringen. Wenn wir Grenzen überschreiten, indem wir etwas tun, was wir uns bisher nicht getraut haben, und wenn uns andere darin bestätigen und ermutigen, kann das ein weiterer Weg sein, unserem Inneren Kind auf die Spur zu kommen, es sozusagen hervorzulocken.

Fragen:

- Habe ich schon Ähnliches wie Katja erlebt?
- Bin ich selbst zu schnell dabei, ein Problem »wegzubeten«?
- Wie gehe ich mit meinen Gefühlen um? Habe ich den Mut sie anzuschauen?
- Welche Träume hatte ich als Kind?
- Lebe ich heute einen dieser Träume?

Das Innere Kind hervorlocken

»Lernen wir Hip-Hop oder Breakdance? Beides nicht? Was lernen wir dann?« Es ist ganz schön schwierig, den Schülerinnen einer Gesamtschule zu erklären, was ich mit ihnen in einem Tanzangebot am Nachmittag machen möchte. Es hat eher einen therapeutischen Ansatz und es geht um das Erleben im freien Tanz.

An diesem Freitag sind nur zwei der Mädchen gekommen, da die anderen krank sind. Jede von ihnen tanzt zur Musik frei und allein durch den Klassenraum. Ich schaue ihnen dabei zu und bringe ihre Bewegungen in Farben und abstrakten Formen auf ein großes Blatt Papier. Als die Mädchen die »Kunstwerke« sehen, rufen sie begeistert: »Das hänge ich mir übers Bett, das bin ich!«

Die eine sagt lachend zu mir: »Wissen Sie noch, dass wir uns am Anfang kaum frei bewegen konnten? Das war einfach alles nur megapeinlich. Wir haben uns total verändert.« Und dann liegen sich beide in den Armen, obwohl sie sich, wie sie mir einmal sagten, gar nicht so gut leiden können.

»Kannst du eine Tanzgruppe für Männer anbieten?«, fragt mich ein Mann aus unserer Gemeinde. Eine Frauengruppe gibt es schon. »Wir wollen das auch, aber nicht mit unseren Frauen zusammen. Da blamieren wir uns nur«, meint er. Tatsächlich finden sich spontan fünf Männer, die bereit sind, sich darauf einzulassen.

Natürlich geht es in meinem Angebot nicht einfach nur ums Tanzen, sondern darum, sich selbst wahrzunehmen, Räume und Grenzen zu erschließen sowie Glaubenssätze und biblische Themen zu erleben. Dabei begegnen die Männer auch immer wieder ihrem Inneren Kind.

Einer sagt einmal nach einer spielerischen Tanzeinheit: »Etwas einfach zweckfrei zu tun, ohne ein bestimmtes Ziel zu verfolgen, das ist total ungewohnt für mich. Es muss am Schluss nichts Effektives dabei herauskommen, das ist neu und befreiend!«

Ja, das ist befreiend! Und obendrein kommt am Schluss doch etwas dabei heraus, häufig etwas, das wir nicht erwartet haben. Wir begegnen uns selbst, bekommen mehr Klarheit über unsere

Motivation, Einblick in unsere Ressourcen und lernen, auch die anderen mit offenen Augen zu sehen.

Nach einer Bewegungseinheit lade ich die Männer ein, das Erlebte auf einem Zeichenpapier zu gestalten. Einer von ihnen wehrt sich massiv dagegen. »Das ist albern«, begründet er seine Abwehr. Ich lade ihn noch einmal ein, es zu versuchen, lasse ihm aber die Freiheit, es nicht zu tun.

Die anderen Männer sind bald emsig dabei, doch er sitzt noch eine Weile vor seinem großen, leeren Blatt Papier. Schließlich nimmt er einen Stift und fängt zaghaft an, nicht ohne zwischendurch immer wieder seinen Unwillen kundzutun. Doch irgendwann verliert er sich in seiner Aktion, das Drumherum scheint nicht mehr wichtig. Er malt und malt.

Beim Austausch erzählt er von seinen Erlebnissen in der Schule. Eigentlich hat er früher gern gemalt, doch dann hat sich ein Lehrer vor der Klasse über ihn und seine Gestaltung lustig gemacht, dabei war er so stolz darauf gewesen. Nie wieder malen, hat er sich damals gesagt. Hier und jetzt kann er sich nun wieder herauswagen. Die anderen geben ihm Feedback, können etwas mit seiner Gestaltung anfangen, berichten ihm, was sie sehen und was das Gemalte bei ihnen bewirkt. Wie gut tut ihm diese Erfahrung!

»Nie wieder werde ich malen!« Darauf hat er sich festgelegt. Jahrelang hält diese Festlegung, bis er eine neue Chance bekommt, einen sicheren Ort, an dem sich das verletzte Kind von damals herauswagen kann. Es ist schön, mitzuerleben, wie Menschen aus ihren Schneckenhäusern herauskommen und merken, dass sie wertvoll und begabt sind.

Viele Menschen haben aus solchen niederschmetternden Erfahrungen ihre Lebensschlüsse gezogen. So oder ähnlich lauten ihre Leitsätze: »Das soll mir nie mehr passieren«, »Ich werde nie mehr einem Menschen vertrauen«, »Ich werde nie wieder weinen!« usw. – es gibt eine ganze Menge von ihnen.

Leitsätze und Leidsätze

Diese Leitsätze werden zu unseren Leidsätzen, denn sie rauben uns nicht nur die Lebensenergie, sondern schneiden uns auch vom Leben ab. Wir klammern bestimmte Bereiche aus, vermeiden sie. Es ist heilsam, diese Leit(d)sätze zu erkennen und zu durchbrechen.

Woher kommen Leit(d)sätze?

Solche Leit(d)sätze zu erkennen, ist der erste wichtige Schritt. Ich glaube allerdings, dass es auch hilfreich ist, zu wissen, woher sie kommen. Es geht ja nicht nur darum, sie als falsch zu entlarven, sondern vielmehr zu verstehen, warum wir sie gebraucht haben und warum wir sie jetzt getrost über Bord werfen können. Deshalb möchte ich zunächst noch ein paar dieser Sätze und ihre Entstehungsmöglichkeiten beleuchten.

Als unser Golden Retriever Itthai ein Welpe war, ging ich mit ihm regelmäßig auf den Hundeplatz. Ich weiß nicht, ob Sie Hunde mögen. Meine Erfahrung ist aber, dass selbst überzeugte Hundeabstinenzler beim Anblick von herumtollenden Welpen schwach werden. Es ist einfach herrlich, anzusehen, wie sie auf tollpatschigen Pfoten unterwegs sind und beim wilden Herumbalgen über diese stolpern. Dabei liegt mal der eine und mal der andere Welpe auf dem Rücken unter seinem Spielgefährten. Nun kann es passieren, dass einer der Welpen den anderen so sehr dominiert, dass dieser sich nur noch in der unteren, hilflosen Position befindet. In diesem Fall wird die Spielgrenze überschritten. Das ist nicht gut. Hier ist der Zeitpunkt gekommen, in dem der Hundehalter einschreiten sollte. Doch welcher Halter sollte dies tun? Der Halter des dominanten oder des unterliegenden Hundes?

Üblicherweise springt der Halter des dominanten Hundes auf die balgenden Welpen zu und weist ihn in seine Schranken, indem er ihn von dem unterliegenden Welpen herunterholt. Doch spätestens in diesem Moment hat unser damaliger Hundetrainer interveniert. Es ist nämlich wichtig, dass der Halter oder die Halterin des unterlegenen Hundes kommt und ihn rettet. So lernt der Welpe: Auf meinen »Leithund« kann ich mich verlassen, er sorgt für meinen Schutz. Dieses »frühkindliche« Erleben wird sich in seinem späteren Leben und in der Beziehung zwischen Hund und Herrchen oder Frauchen auszahlen. Denn auch dann weiß der Hund: Mein Chef hat die Situation im Griff. Ich muss nicht kläffen, nicht wild an der Leine reißen, ich muss nicht die Verantwortung übernehmen. Mein Rudelführer erledigt das für mich. Diese Erklärung hat mich sehr beeindruckt, auch wenn es mir mit meinem eigenen Hund leider nicht ganz gelungen ist.

Was wird wohl mit einem Kind passieren, das in bedrohlichen Situationen erlebt, dass es nicht von der Bindungsperson geschützt wird? Es entsteht ein Misstrauen in dem Kind und die Überzeugung, sich selbst schützen zu müssen. Daraus könnten sich folgende Leitsätze entwickeln: »Ich muss selbst auf mich aufpassen!«, »Ich muss für mich selbst kämpfen!«, »Wenn ich nicht für mich sorge, tut es keiner!« Aus diesen Sätzen können wiederum starre Grenzen nach außen entstehen. Dies passiert auch dann, wenn Ängste von Kindern kleingeredet werden, nach dem Motto: »Stell dich nicht so an!« Manches Mal wird dieser Leitsatz: »Ich muss für mich selbst kämpfen!«, sogar noch von den Erwachsenen gestützt, sozusagen als Aufforderung: »Du musst dich wehren!« Sicher ist dies nicht grundsätzlich falsch, und auch das Alter spielt hier eine Rolle. Schlimm ist es aber, wenn einem Kind damit vermittelt wird: »Du bist selbst schuld an der Misere. Der Fehler liegt bei dir. Würdest du dich wehren und wärst nicht eine solche Memme, würde dir das nicht passieren!«

Verzeihen Sie mir, wenn ich noch einmal auf meinen Hund zu sprechen komme. Itthai ist ein Rüde, wird aber meistens für eine Hündin gehalten, weil er das typisch dominante Gebaren eines Rüden vermissen lässt. In Begegnungen mit anderen Hunden zeigt er ein ausgesprochen defensives Verhalten. Kommt es zu Aufdringlichkeiten oder sogar Drohattacken von anderen Hunden, zieht er sich zurück und sucht Schutz bei mir, selbst wenn es sich um kleine »Giftzwerge« handelt, denen er locker das Wasser reichen könnte. Er ist nun mal kein Kämpfer.

Wie oft muss ich – besser gesagt, mein Hund – von den anderen Hundehaltern hören: »Was bist du denn für einer? Du bist ja ein Angsthase!« Glücklicherweise versteht Itthai es nicht. Kinder dagegen schon. Wie oft ist mir in meiner Kindheit Feigheit unterstellt worden? Wie oft wurden meine Ängste belächelt? Ich sehe mich noch auf dem Klettergerüst eines Spielplatzes sitzen. Ich traue mich nicht mehr herunter; hinaufzukommen war einfach. Doch jetzt hocke ich zusammengekauert auf der obersten Stange. Meine große Schwester wartet unten und redet mir gut zu. In diesem Moment sind das Schlimmste für mich die Bemerkungen der Umherstehenden. »Was ist denn los?«, fragt eine der Frauen. »Sie hat Angst herunterzukommen und sitzt jetzt da oben fest«, antwortet die nächste. – »Ach, du liebe Zeit! Sie muss doch nur herunterklettern.« Wie schlimm ist es, wenn dann auch noch der Vergleich mit anderen Kindern folgt: »Das kann doch jedes Kind!« Hieraus können sich Leit(d)sätze entwickeln wie »Ich bin nicht normal! Ich bin eine Versagerin! Jeder kann das, nur ich bring es nicht auf die Reihe!« und so weiter.

In seinem Buch »Leben oder gelebt werden – Schritte auf dem Weg zur Versöhnung« beschreibt Walter Kohl, der Sohn des kürzlich verstorbenen Altkanzlers Helmut Kohl, das Leben in seiner Kindheit auf sehr ehrliche und sensible Weise. Als Schüler der Unterstufe eines Gymnasiums wird er in der Schultoilette von vier Oberschülern belästigt.

Der Größte baut sich vor mir auf mit verschränkten Armen. Einer bleibt an der Tür, zwei weitere treten neben mich. »Hey, das ist doch der Kohl«, sagt der vor mir mit gespieltem Erstaunen. »Mein Vater sagt, dass dein Vater eine ganz miese Sau ist. Voll das Arschloch.«

Er schaut mich herausfordernd an. Ich senke meinen Blick schweigend zu Boden …

»Hey, sag mal, ist dein Alter ein Arschloch? Bist du
auch ein Arschloch?« Ich sage immer noch nichts. »Na,
wenn du nichts zu sagen hast, dann bist du wohl auch
ein Arschloch. Und weißt du, was man mit Arschlöchern
macht?« Sie warten keine Antwort mehr ab, sondern
schreiten zur Tat.[14]

Kohl wird von den weit überlegenen Oberschülern verprügelt und
traut sich zunächst nicht in die Klasse zurück. Nachdem er die
Spuren der Schlägerei, so weit es geht, abgewaschen hat, schleicht
er sich zurück in die Klasse. Trotz heftiger Schmerzen entscheidet
er sich, diesen Vorfall nicht zu melden, denn dann würden vier
Aussagen gegen eine stehen.

Und selbst wenn man mir glaubt, wohin würde das führen?
Wenn sie bestraft würden, könnten sie mit dem Finger auf
mich weisen und es überall hinausposaunen. »Da kann man
mal sehen – dem Sohn vom Kohl, dem glaubt man alles, und
uns glaubt man nichts, obwohl wir zu viert sind.« Alles, nur
nicht das.[15]

Was für ein Dilemma! Was für eine ausweglose Situation für einen
dreizehnjährigen Jungen! Wie sehr hätte er hier den Zuspruch eines
Erwachsenen gebraucht, zumal er es nicht verstehen konnte – wie
auch? –, dass er verprügelt wurde, nur weil er der Sohn seines Vaters
ist?

Doch die traurige Geschichte geht weiter. Es ist das Wahljahr
1976. Helmut Kohl tritt erstmals als Kanzlerkandidat zur Bundes-
tagswahl an. »Unser Haus wurde zu einer Art Wahlkampfzentrale
umfunktioniert«, schreibt Walter Kohl.[16]

Auf diese Situation trifft er, als er von seinem Schulerlebnis nach
Hause kommt. Im Vergleich zu großen staatlichen Ereignissen, was
ist da schon eine Prügelei auf einer Schülertoilette? Was bedeutet da
die Verwirrung und seelische Verletzung eines Dreizehnjährigen?
Und so schreibt Walter Kohl:

Die absurde Analogie zum Aufruhr in meinem schmerzenden Schädel zwang mir im Augenblick, da ich die Schwelle übertrat, eine ernüchternde Erkenntnis auf. *Hier ist jetzt keiner für dich da.* Wortlos, möglichst unauffällig, ging ich in mein Zimmer im Obergeschoss. Tür zu, Gardinen vor. Möglichst nichts mehr sehen und hören.[17]

Als seine Mutter ins Zimmer kommt und ihren Sohn zum Essen holen will, sagt er nichts. Auch auf die Frage, ob ihm schlecht sei, reagiert er ausweichend mit einer lapidaren Antwort. Mit seinen Fragen, die in ihm brennen, bringt er sich nicht zur Sprache, sondern bleibt allein. »Bin ich schlecht, dass mir so etwas immer wieder passiert? Bin ich unwichtig, dass mich niemand so nimmt, wie ich bin? Werde ich für immer wehrlos bleiben? Fragen, die sich in eine kindliche Psyche fressen wie ätzende Säure«[18], so schreibt er zu Recht.

Warum erwähne ich das? Ist dies nicht eine absolute Ausnahmesituation? Hier geht es um den Sohn eines großen Politikers. Doch die abgrundtiefe Einsamkeit eines Kindes, dessen Schmerz und seelischer Kummer einem höheren Ziel geopfert werden, ereignet sich auch in unseren »normalen« Lebenssituationen häufiger, als wir denken. Letztlich opfert sich das Kind selbst, indem es sich zurückzieht und sich im schlimmsten Fall schuldig fühlt.

»Der Papa hat gerade Wichtiges zu tun«, »Stör die Mama jetzt nicht, sie muss Geld verdienen.« Oft kommt sogar noch der Zusatz: »Das tut sie doch nur für dich!«

Ich bin in einer Familie zum Kaffee eingeladen. Der etwa sechsjährige Sohn kommt herein und will etwas fragen. Doch bevor er seine Frage auch nur aussprechen kann, wird er energisch zurück ins Kinderzimmer komplementiert. »Geh auf dein Zimmer! Hier sind Erwachsene, die sich unterhalten.« Hätte man sich nicht zumindest seine Frage anhören können, und wäre es dann nicht immer noch möglich gewesen, ihm zu erklären, dass es jetzt gerade nicht passt und er sich noch etwas gedulden muss?

Gerade im christlichen Bereich gibt es diese »höheren Ziele«, die den kindlichen Anliegen übergeordnet sind. Das Kind spürt: Es gibt etwas Größeres, Wichtigeres als mich. Papa hat keine Zeit, er ist mit der Vorbereitung eines Gottesdienstes beschäftigt. Mama besucht kranke und hilflose Menschen, die sie jetzt ganz dringend brauchen. Es muss gar nicht so explizit formuliert werden, sondern es liegt sozusagen in der Atmosphäre, es ist spürbar im Raum. Ich selbst habe es als Kind so empfunden, wenn die sogenannten Hollandfreizeiten bevorstanden, Kinderfreizeiten, die mein Vater mit einem Team alljährlich durchführte. Wenn ich es in einem Bild beschreiben wollte, dann lag die Freizeit auf einem Silbertablett im Mittelpunkt des Geschehens. Alles andere formierte sich darum herum und war diesem Ereignis untergeordnet. Da passen kindliche Ängste und Probleme nicht hinein. Sie stören das große Ganze.

Mir ist sehr wohl bewusst, dass es für diese Probleme keine platten Lösungen gibt. Ein Schwarz-Weiß-Denken hilft hier nicht weiter. Schlimm ist es aber in jedem Fall, wenn sich in einem Kind der Eindruck festsetzt: »Ich bin nicht wichtig. Was ich fühle, ist nicht wichtig!« Diese Überzeugung setzt sich nicht selten im späteren Leben fort. Sie lebt in Form von Leit(d)sätzen weiter und wird dann oft religiös verbrämt wie etwa mit dem Wort »Hingabe«.

Leit(d)sätze entmachten

Was aber können wir mit solchen Leit(d)sätzen tun? Wie werden wir sie los? Hier einige Punkte, die ich für wichtig halte, um solche Sätze zu entmachten:

Nehmen Sie den Satz wohlwollend unter die Lupe.

Weshalb wohlwollend? Es hilft nichts, wenn Sie ihn mit Ekel und Abscheu anschauen und sich sagen: Wie konnte ich nur? Wie dumm muss man sein? Dieser Leitsatz hat Ihnen geholfen, selbst wenn Sie unter ihm leiden. Mit diesem Satz haben Sie überlebt.

Machen Sie sich klar, warum dieser Leitsatz heute nicht mehr nötig ist.

Wer waren Sie damals und in welcher ausweglosen Situation haben Sie sich befunden? In welcher Lage befinden Sie sich jetzt? Heute sind Sie handlungsfähig!

Ganz wichtig: *Ersetzen Sie den negativen Leitsatz mit einem positiven, so wie ein neues Motto, das Sie Ihrem Leben geben.*

Wenn ich etwas nicht mehr tun möchte, ist es wichtig zu fragen: Was will ich stattdessen tun? Was soll in Zukunft für mich gelten, wonach will ich mich ausrichten?

Hier ein Beispiel von mir: Ich war früher sehr angepasst. Es war mir lange Zeit wichtig, zu gefallen und niemanden zu enttäuschen, mit anderen Worten, den Erwartungen der Menschen zu entsprechen. »Dann mögen sie mich und ich werde geschätzt«, dachte ich.

Irgendwann während meiner Aufarbeitungszeit kam mir der Leit(d)satz in den Sinn: »Ich bin ein braves Mädchen!« Dagegen setzte ich den Satz: »Ich bin kein braves Mädchen mehr!« So komisch es sich anhört, er kam mir zuerst kaum über die Lippen, weil ich Angst hatte, etwas zu verlieren, nämlich die Beliebtheit und Anerkennung meiner Umgebung.

Später wird ein anderer, positiver Satz daraus: »Ich bin eine erwachsene Frau, ich verdiene Respekt!« Verständnis kann ich nicht einfordern, ebenso wenig Liebe und Freundschaft. Respekt aber kann und darf ich einfordern, ebenso wie ich jedem Menschen mit Respekt begegnen möchte und sollte. Dieses Wort »Respekt« ist mir mit der Zeit immer wichtiger geworden. (Ich werde im Kapitel über die Freiheit näher auf diesen Begriff eingehen.)

Ein wichtiger Auslöser, der mir dazu verholfen hat, kein braves Mädchen mehr sein zu wollen, war die Aussage einer Mitstreiterin während der Ausbildung zur Tanz-Soziotherapeutin. Auf einem Ausbildungswochenende haben wir uns frühmorgens noch vor Seminarbeginn mit einer kleinen Gruppe im benachbarten Restaurant zum Mittagessen angemeldet. Am Vormittag erleben wir eine sehr emotionale, intensive Arbeitszeit miteinander. Wir sind danach sehr aufgewühlt und haben nur noch den Wunsch, in der Mittagspause auszuruhen und uns – jede für sich – zurückzuziehen. Doch da ist diese Anmeldung zum Mittagessen. »Wenn wir da jetzt anrufen und das so kurzfristig rückgängig machen – das ist nicht nett!«, gibt eine Teilnehmerin zu bedenken. Die anderen pflichten ihr bei. Doch schließlich sagt eine der Frauen sehr bestimmt: »Aber wir sind ja nicht auf der Welt, um nett zu sein!« Diesen Satz habe ich nie wieder vergessen. Hin und wieder sage ich ihn mir heute noch: »Nein, ich bin nicht auf der Welt, um nett zu sein.« Lange war ich allerdings vom Gegenteil überzeugt. Gerade ein Christ hat nett zu sein, dachte ich.

Was verstehen wir eigentlich unter »nett«? Dieses Wort bedeutet »schmuck«, »zierlich«, »niedlich«, »freundlich« und geht auf das lateinische Verb »nitare« mit der Bedeutung »glänzen, blinken« zurück.[19] Obwohl es dem niederländischen und französischen »net« = »sauber«, »rein«, »unverfälscht« entlehnt ist und dort eine durchaus positive Bedeutung hat, wird es manchmal eher negativ empfunden und auch dementsprechend verwendet. Nach dem Motto: »Es war ganz nett.« Unausgesprochen könnte es weiter heißen »… mehr aber auch nicht!« Dabei hat es einen Touch von »oberflächlich«. Um nett zu sein im Sinne von gefallend, brav, artig, angepasst, sind wir und bin ich wirklich nicht auf der Welt!

Manche Leit(d)sätze beschreiben auf den ersten Blick nicht, was wir angeblich tun (müssen), sondern wie andere mit uns umgehen. Eva berichtet mir von ihren Schwierigkeiten im Musikteam ihrer Gemeinde. »Ich fühle mich als fünftes Rad am Wagen. Die anderen machen und entscheiden. Ich dagegen komme gar nicht vor.« Wir nehmen den letzten Satz, den sie gebraucht hat, unter die Lupe, indem wir ihn ganz praktisch umsetzen. Wir stehen nebeneinander und ich frage sie, was dieser Satz: »Ich komme nicht vor«, denn bedeutet. Sie bleibt unbeweglich auf ihrem Platz stehen. »Eben das, was ich hier tue beziehungsweise nicht tue«, sagt sie mir. »Ich bewege mich nicht!« Dabei wird ihr plötzlich bewusst: »Kommen« ist ein aktives Verb, sie aber hat es passiv gemeint, in etwa so, wie wir manchmal sagen: »Sie oder er ist gegangen worden.« Was wir damit meinen: Man hat die betreffende Person mehr oder weniger hinausgeekelt oder ihr auf unsaubere Weise gekündigt.

Hier nun wird Eva klar, dass es an ihr liegt, (her-)vorzukommen und dass sie es auch kann. Die Initiative liegt bei ihr. Und so meldet sie sich in der nächsten Übungsstunde mit einem Vorschlag zu Wort und bringt sich ein. Aus dem Leit(d)satz »Ich komme nicht vor!«, wird nun der Leitsatz: »Ich komme vor!«

Falls der Raum hierfür tatsächlich nicht gegeben sein sollte, weil die Dominanz Einzelner zu stark ist, kann es helfen, diese Empfindung und die daraus resultierende Einschüchterung auszusprechen. Ist selbst dafür kein Platz oder Raum, haben wir immer noch die Möglichkeit, die Gruppe zu verlassen. Auch das wäre besser, als weiterhin unter dem Gefühl zu leiden, nicht vorzukommen.

Das Tragische an unseren Leit(d)sätzen ist: Sie richten sich in den meisten Fällen gegen uns selbst. »Ich raffe aber auch gar nichts«, »Ich bin total unfähig«, »Immer muss mir das passieren«, »Ich verdiene es nicht besser!«, sind nur einige davon. Wir liegen mit uns selbst im Clinch. Wer aber mit sich selbst kämpft, funktioniert vielleicht nach außen, wird aber seinen Mitmenschen und – ja, ich wage es zu behaupten – auch Gott letztlich nicht wirklich begegnen.

Leit(d)sätze haben aber noch weitere negative Folgen: Verletzte Menschen verletzen Menschen. Von Natur aus scheue Tiere werden plötzlich für den Menschen zur Gefahr, wenn sie verwundet sind. Sie greifen an. Auch verwundete Menschen, deren Wunden nicht versorgt wurden, sind »gefährlich«. Sie greifen an, zeigen ihre Stacheln, die bei den anderen äußerst schmerzhafte Verletzungen hervorrufen können. Auch deshalb ist es so wichtig, dass wir uns dem ungeliebten Teil in uns zuwenden, um den ungelebten Teil in uns zu entdecken. Der Raum in uns, der das Innere Kind beherbergt, sollte unser Zuhause sein.

Kontakt zum inneren Raum finden

Vielleicht kennen Sie einen Menschen, von dem Sie sagen würden: »Der ruht in sich selbst.« In sich ruhen, in sich selbst zu Hause zu sein, das ist ein Zustand, nach dem wir uns sehnen. Um ihn zu erreichen, braucht es eine positive, echte Zuwendung zu mir selbst, anders gesagt, zu meinem inneren oder intimen Raum.

In den Achtzigerjahren wohnten mein Mann und ich in dem schönen Kurstädtchen Bad Laasphe im Wittgensteiner Land. Dort lernten wir den jungen Pfarrer Matthias Laubvogel aus dem Nachbarort kennen. Mit ihm und seiner Frau verband uns bald eine herzliche Freundschaft.

Der Nachname dieses Pfarrers war Programm. Er machte leidenschaftlich gern Musik, schrieb tiefgründige, oft sehr persönliche Texte, die er in einer kleinen Combo vortrug. Leider starb er viel zu früh an einem Krebsleiden. Doch selbst seine Beerdigung war noch ein Musikereignis, angefüllt mit Hoffnung und tiefem Frieden.

Das erste Lied, das ich von ihm gehört habe, hat mich sehr angesprochen und gleichzeitig aufgewühlt, denn dort habe ich zum ersten Mal etwas von einem inneren Raum erfahren. Gleichzeitig habe ich mich gefragt, warum ich das, was Matthias Laubvogel beschreibt, oft so wenig empfinden kann.

Raum in mir

Ich weiß noch, schon als Kind
hab ich es ganz genau gefühlt:
Etwas tief in mir blieb immer ungestillt.
Ich weiß noch, wie es war,
als ich mein erstes neues Fahrrad bekam:
Ich war wunschlos glücklich,
doch schon nach ein paar Tagen
regte sich ein Wunsch nach mehr.

Denn da ist der Raum in mir,
den nur du, mein Gott, mit deinem Frieden füllst.
Denn da ist die Sehnsucht in mir,
die nur du, mein Gott, mit deiner Liebe stillst.

Später waren es dann Menschen,
von denen ich mir Erfüllung versprach.
Doch schon bald merkte ich,
wie eine gute Freundschaft zerbrach.
Was blieb zurück? Ein Herz mit Melancholie,
mit Sehnsucht nach jemand, der meine Leere füllt.

Denn da ist der Raum in mir,
den nur du, mein Gott, mit deinem Frieden füllst.
Denn da ist die Sehnsucht in mir,
die nur du, mein Gott, mit deiner Liebe stillst.

Auch der Rausch der Kultur gab nicht her,
was ich mir so oft von ihm versprach.
Ein kurzes Hochgefühl,
doch schon sehr bald war es wieder still.
In einsamen Stunden hab ich die Leere
meines Lebens tief empfunden.
Als du mich dann fandst, mein Gott,

da wusste ich, warum da immer ein Vakuum
auf meiner Suche nach Erfüllung blieb.

Denn da ist der Raum in mir,
den nur du, mein Gott, mit deinem Frieden füllst.
Denn da ist die Sehnsucht in mir,
die nur du, mein Gott, mit deiner Liebe stillst.[20]

Wie sieht es bei Ihnen aus, liebe Leserin, lieber Leser, falls auch
Sie davon überzeugt sind, dass Sie die Erfüllung in Gott gefunden
haben? Spüren Sie es? Fühlen Sie es? Greift es wirklich in Ihrem
Alltag? Oder empfinden Sie, wenn Sie ganz ehrlich sind, immer
noch die Sehnsucht nach mehr?

Ich glaube, dass Sehnsucht zur Lebendigkeit gehört. Solange
wir leben und fühlen, werden wir uns sehnen. Das ist gut so, denn
Sehnsucht ist ein starker Motor und sie gehört zu einer Beziehung.
Auch der Glaube ist Beziehung. Doch dieses innere Vakuum, das
nicht wenige Christen zumindest zeitweise empfinden, ohne sich
zu trauen, es auszusprechen, deutet meines Erachtens auf eine Unstimmigkeit hin. Diese Unstimmigkeit, die wir oft mit frommen
Glaubenssätzen oder Aktionen für Jesus überspielen, zeigt sich
übrigens auch nach außen. Unsere Worte stimmen mit unserer
Ausstrahlung nicht überein. Sie irritieren und schrecken manchmal
ab. Unser Leben wirkt verkrampft oder sogar abstoßend. Echtes,
authentisches Leben dagegen zieht an, wirkt einladend, ist vertrau-
ensschaffend und öffnend.

Während meiner Ausbildung in der Zukunftswerkstatt habe ich
die sogenannten Bedeutungsräume kennengelernt. Sie haben mir
damals sehr geholfen, deshalb möchte ich sie kurz beschreiben:

Bewegen wir uns von innen nach außen, wäre da zunächst der
intime Raum. Die natürliche Grenze dieses Raumes ist die Kör-
peroberfläche, aber sie kann von Einzelnen ganz unterschiedlich
empfunden werden: manchmal viel größer oder auch ganz klein
und eng. Im intimen Raum befindet sich der zentrale Ort, der Kern
meiner Persönlichkeit, der Ort, an dem meine Werte, Überzeugun-

gen, Empfindungen gehütet werden. Dort ist auch das Innere Kind, von dem schon die Rede war.

Der nächste Raum, der den intimen Raum ringsherum umgibt, ist der persönliche Raum. Bildhaft reicht er so weit wie unsere Kinesphäre, das heißt, bei weit ausgestreckten Armen bis zum Ende unserer Fingerspitzen. Doch auch dieser Raum wird individuell ganz unterschiedlich empfunden. Es ist der Raum meines Reichtums, meiner Kreativität, den ich gestalte und auch begrenze, denn es ist mein eigener Raum. Das heißt, keine andere Person darf ohne meine Erlaubnis in diesen Raum eindringen. Er beschreibt also auch meine persönliche Grenze. Es gibt Menschen, die uns unangenehm nah kommen, wenn sie mit uns sprechen. Achten sie einmal darauf, ob diese Menschen Ihre Kinesphäre überschritten haben; meistens ist dies der Fall. Ihr Empfinden für »zu nah« kann aber auch außerhalb der Kinesphäre liegen. Erspüren Sie, ab wann Ihnen die Nähe unangenehm wird, und nehmen Sie sich ernst! Selbstverständlich ist es nicht unerheblich, um welche Menschen es sich beim Nähe- und Distanzempfinden handelt. Eine uns vertraute Person darf uns in der Regel näher kommen als eine völlig fremde, unbekannte Person.

Ein Beispiel aus dem täglichen Leben illustriert das sehr gut, und vielleicht ist es Ihnen auch schon einmal aufgefallen, wenn jemand, beispielsweise der Postbote, ein Handwerker oder ein Nachbar bei Ihnen klingelt. Da gibt es Menschen, die bleiben unmittelbar vor Ihrer Haustür stehen, und wenn Sie diese öffnen, sind sie direkt vor Ihnen. Das kann sehr unangenehm sein. Andere Menschen klingeln und treten dann einen Schritt zurück. Ich persönlich empfinde das als äußerst wohltuend und respektvoll. Es macht einen kleinen, aber feinen Unterschied und kann eine große Wirkung haben, wo die Person steht. Bleibt die Person direkt an der Haustür stehen, ist diese Tür zunächst die Grenze zwischen uns, doch beim Öffnen habe ich dann oft genug das Gefühl »viel zu nah«. Der andere befindet sich in meinem persönlichen Raum und ich mich wiederum in seinem. Begegnung findet aber im nächsten, im Raum der

Begegnung statt, also jenseits der Grenze des persönlichen Raumes, eben einen Schritt von der Haustür entfernt.

Diese Begegnungen können sich sowohl beabsichtigt als auch zufällig ereignen und die Art der Begegnung kann sehr unterschiedlich sein. Manchmal ist es nur ein kurzer Austausch von Blicken. Vielleicht kennen Sie das auch. Sie sind in der Stadt unterwegs, unzählige Menschen um Sie herum, die Sie kaum wahrnehmen. Plötzlich schaut Sie jemand an, lächelt, Sie lächeln zurück. Und schon gehen Sie weiter. Manchmal wird solch eine kurze Begegnung durch etwas ausgelöst, das unseren Blick gemeinsam fesselt, so wie ich es einmal in der Straßenbahn erlebte. Auch hier sind viele Menschen um mich herum, alle mehr oder weniger mit sich selbst beschäftigt. Mir gegenüber sitzt ein alter Mann. Von draußen trommelt der Regen an die Scheiben. Doch dann bricht ein Sonnenstrahl durch die Wolken und plötzlich zeigt sich am Himmel ein großer, wunderschöner Regenbogen. Der alte Mann und ich entdecken ihn gemeinsam. Er sagt bewundernd: »Wie schön!« Wir schauen so lange hin, bis der Regenbogen immer blasser wird und schließlich ganz verschwindet, während die meisten anderen Fahrgäste gar nicht von ihren Smartphones oder Tablets aufschauen. Es sind Begegnungen dieser Art, die unser Leben reich machen.

Zuletzt ist da noch der öffentliche Raum. Es ist der gleiche anonyme Raum, von dem ich gerade erzählt habe, die Stadt oder die Straßenbahn, aber jenseits der beschriebenen kurzen Begegnungen.

Um die Räume ein wenig nachzuempfinden, möchte ich Sie zu folgender Übung einladen: Nehmen Sie Ihren persönlichen Raum wahr, indem Sie sich einen guten Platz suchen und Ihre Arme weit ausstrecken. Erspüren Sie diesen Raum bis in die Fingerspitzen. Stellen Sie sich vor, an der Grenze dieses Raumes würde der persönliche Raum einer anderen imaginären Person beginnen. Besser wäre es, Sie könnten es mit einer tatsächlichen Person ausprobieren. Bewegen Sie sich nun durch das Zimmer, weiterhin mit ausgestreckten Armen und stellen Sie sich vor, dass Ihr persönlicher Raum sich mit ihnen bewegt und einen Schutz bildet.

Dieser persönliche Raum schützt den intimen Raum und unseren zentralen Ort, also uns selbst. An diesem Ort entstehen unsere Leit(d)sätze. Wir selbst sind die Autoren dieser Sätze, auch wenn andere Menschen, vor allem unsere Bindungspersonen, diese Sätze in uns ausgelöst und den Boden zu ihrer Entstehung geliefert haben. Dort ist unser Bild, das wir von uns selbst und unserer Umwelt haben, verborgen.

Dieses Bild darf neu gestaltet werden. Dabei ist es so wie mit den Restauratoren in einem alten, ehrwürdigen Dom. Es geht nicht darum, das Alte zu zerstören und für nichtig zu erklären, um etwas Neues zu erfinden, sondern vielmehr darum, das Alte und Ursprüngliche zu erhalten und ganz neu zur Geltung zu bringen. Die Zeichen der Zeit, der Abnutzung, der Wetterspuren müssen beseitigt werden, damit das Ursprüngliche seine schillernde Pracht entfalten kann. Dieses Ursprüngliche ist nach meiner Auffassung die Würde des Menschen, die für mich als Christin in der Schöpfung und Ebenbildlichkeit Gottes liegt. Genau aus diesem Grund glaube ich, dass Hinwendung zu Gott immer auch mit der Hinwendung zu mir selbst und damit zu diesem intimen Raum zu tun hat. Wenn dort der Ort der Verletzung ist, dann ist dort auch der Ort der Heilung oder der Erlösung, wie die Bibel es nennt.

Fragen:

- Empfinden Sie Ihren persönlichen Raum als zu eng oder zu weit? Haben Sie das Gefühl, sich darin zu verlieren?
- Erweitern Sie ihn oder machen Sie ihn kleiner, so wie Sie es brauchen. Sie können auch eine sichtbare Grenze zum Beispiel mit Seilen legen.

Gottesbegegnung am wunden Punkt

Hanne Baar drückt es folgendermaßen aus: »Gottesbegegnung am wunden Punkt bedeutet Verwandlung in Richtung Erlösung, wo wir am erlösungsbedürftigsten sind.«[21]

Das heißt aber nicht, dass ich unbedingt in die Vergangenheit eintauchen muss, dass nur der oder die heil werden kann, die alle Zusammenhänge erkennt und versteht. Diese Schlussfolgerung brächte uns dazu, nur noch in unserer Vergangenheit herumzuwühlen.

Hanne Baar sagt dazu:

> Man kann zulassen, dass die Vorstellungen ins Bewusstsein treten, die uns emotional und gedanklich am Gängelband haben (»die Fixierung fixieren«). Man kann die schmerzlichen Erinnerungen aus der Kindheit bewusst anschauen, um sich selbst – die rätselhaften Reaktionen und Überreaktionen – endlich zu verstehen. Man kann es, wenn man will.[22]

Im Austausch mit einer alten Dame kamen wir genau auf dieses Thema zu sprechen. In einem großen, mit alten Kostbarkeiten geschmückten Wohnzimmer sitze ich an einem liebevoll gedeckten Kaffeetisch, mir gegenüber eine 89-jährige Dame, die mich zu einem Gespräch eingeladen hat. Sie hat mein Buch »Im Käfig der Angst – Missbrauch in der heilen Welt« gelesen und will sich nun mit mir ein wenig darüber austauschen.

Es ist ein herzliches, ungezwungenes Beisammensein, und ich fühle mich wohl in ihrer Gesellschaft. Zunächst erzählt sie mit leuchtenden Augen viel von sich selbst und ihrem höchst spannenden Leben. Ihr Gesicht ist alt, aber ungeheuer lebendig.

Dann sprechen wir über mein Buch. Ich bin fasziniert, wie aufmerksam sie es gelesen, ja, geradezu akribisch durchgearbeitet hat, wie sie sich an kleinste Details erinnert und Formulierungen aus der Erinnerung zitiert. Und sie setzt es in Bezug zu ihrem eigenen Leben, spricht offen über Versäumnisse in der Vergangenheit, über Scheinheiligkeit und falsche, krank machende Glaubenssätze. Dabei macht sie weder den Glauben noch ihre christliche Vergangenheit schlecht. Sie selbst gehört sozusagen zum Urgestein Freier evangelischer Gemeinden. Aber sie hat den Mut, Negatives zu benennen, ohne zu verurteilen. Hätte ich einen Hut auf, würde ich ihn jetzt und hier vor ihr ziehen, so sehr beeindruckt sie mich mit ihrer aufrichtigen, selbstkritischen Art.

»Über eine Aussage in deinem Buch bin ich allerdings gestolpert«, sagt sie. »Du schreibst von deiner Überzeugung, dass man ohne eine Beziehung zu sich selbst, zu seinem inneren Raum auch keine wirkliche Beziehung zu Gott haben könne. Du bezeichnest es als deine persönliche Meinung. Jeder hat ja das Recht, eine persönliche Meinung zu haben«, sagt sie lächelnd, »aber ich möchte es verstehen. Würde das denn nicht bedeuten, dass zum Beispiel Menschen mit geistiger Behinderung oder einfach nur weniger intelligenten Menschen der Weg zu Gott versperrt wäre?«

»Nein«, antworte ich, »ganz im Gegenteil: Ich glaube sogar, dass geistig Behinderte ebenso wie Kinder auf ganz natürliche Weise oft viel näher bei sich selbst sind und einen Zugang zu ihren Gefühlen haben. Das hat ganz und gar nichts mit Intelligenz zu tun.«

Ihre Aussage beschäftigt mich noch lange nach unserem Gespräch. Durch viele Erlebnisse, unter anderem in meiner therapeutischen Arbeit mit Menschen begegnet mir dieses Thema immer wieder, sodass ich mich entschieden habe, es in einem zweiten Buch aufzugreifen.

Oft verlieren wir im Laufe unseres Lebens – wodurch auch immer – den Kontakt zu uns selbst, sind sozusagen nur noch im Außen unterwegs. Wie sich das auf unser Leben als Christen auswirkt, ist in den vergangenen Kapiteln deutlich geworden. Die Frage lautet dabei: Wie kann ich Kontakt – wirklichen Kontakt im Sinne der viel zitierten christlichen Nächstenliebe – zu anderen Menschen haben, wenn ich ihn zu mir selbst nicht habe? Wie kann ich andere verstehen, wenn ich mich selbst nicht mag? Wie kann ich mich vor Gott öffnen, wenn ich mich vor mir selbst verschlossen halte? Hier bewahrheitet sich der wunderbare Dreiklang, den

Jesus nennt, als er nach dem wichtigsten Gebot gefragt wird. In seiner Antwort zitiert er Texte aus den Büchern Mose (5. Mose 6,5; 3. Mose 19,18): »»Du sollst den Herrn, deinen Gott, lieben von ganzem Herzen, von ganzer Seele und von ganzem Gemüt.‹ Dies ist das höchste und erste Gebot. Das andere aber ist dem gleich: ›Du sollst deinen Nächsten lieben wie dich selbst‹«« (Matthäus 22,37-38).

Vielleicht können die folgenden Geschichten, die beide mit dem intimen Raum und dem Inneren Kind zu tun haben, diese Gedanken ein wenig auf unser alltägliches Leben herunterbrechen.

Von Kleinkindern und Hunden

Eine meiner vielen Nichten hat einen Schweizer geheiratet. Zusammen mit ihrer Schwester und einer Bekannten fahre ich damals mit dem Auto zu ihrer Hochzeit. Wegen der weiten Anreise brechen wir schon am frühen Morgen des Vortages auf und übernachten in einem Haus von JMEM, dem deutschsprachigen Zweig von Greater Europe Mission, einer christlichen Jugendorganisation in Wiler. Doch die Nacht verläuft alles andere als erholsam für mich. An Schlaf ist nicht zu denken. Die anstrengende Autofahrt und der Stress der vergangenen Tage kreisen in meinem Kopf. Als sich endlich eine gewisse Bettschwere und erlösende Müdigkeit einstellen, werden diese abrupt durch das penetrante Summen von Mücken unterbrochen. Im Tiefflug bewegen sie sich immer wieder dicht über meinem Ohr. Mit dem Schlaf ist es nun endgültig vorbei. Jetzt erst erinnere ich mich an ein Moskitonetz, das ich beim Blick in eines der anderen Zimmer entdeckt, dem ich aber keinerlei Beachtung geschenkt habe. Bei dieser Mückeninvasion, denke ich, wäre ein Moskitonetz in der Tat hilfreich. Meine Zimmernachbarin scheint das alles nicht zu stören. Sie schläft tief und fest, zumindest nehme ich ihren regelmäßigen Atem wahr.

Irgendwann wird es mir zu viel. Auf dem Parkplatz vor dem Haus steht ja noch mein hoffentlich mückenfreies Auto. Im Dunkeln suche ich meinen Autoschlüssel und schleiche mich aus dem

Zimmer. Draußen empfängt mich die nächtliche Kälte. Auch im Auto ist es äußerst ungemütlich und feuchtkalt, und so will mir auch dort, auf dem zurückgeklappten Beifahrersitz das Einschlafen nicht gelingen. Außerdem bin ich inzwischen völlig durchgefroren und frage mich allen Ernstes, ob die Mücken nicht das kleinere Übel gewesen wären. Da schießt mir ein rettender Gedanke durch den Kopf. Meine Nichte hat eine große Plastiktüte mit abgelegter Kleidung für ihre Schwester mitgenommen. Ich gehe zum Kofferraum und bemühe mich, mehrere Jeans und Pullis übereinander anzuziehen. Glücklicherweise bin ich etwas zierlicher geraten. Das schützt mich nun vor der eisigen Kälte und schenkt mir immerhin noch ein klein wenig Schlaf. Wobei, Schlaf kann ich es nicht wirklich nennen, ich nicke nur für etwa eine halbe Stunde ein, nicht gerade eine gute Voraussetzung für eine ausgiebige und fröhliche Hochzeitsfeier.

Schließlich machen wir uns wieder auf den Weg zu dem Dorf, in dem meine Nichte heiratet, aber wir finden es nicht. Ein Navi steht uns nicht zur Verfügung, deshalb suchen wir sehr lange und erreichen das Dorf erst viel zu spät und nach einigen Umwegen. Die Kirche ist schon zum Bersten gefüllt. Meine Nichte geht fest entschlossen durch die voll besetzten Stuhlreihen nach vorn zu ihrer Familie. Meine Bekannte und ich suchen uns weiter hinten einen Platz. Schließlich sitze ich irgendwo abseits, vor mir unendlich viele hochgewachsene Menschen, darunter einige Frauen mit großen Hüten. Die Sicht ist mir komplett versperrt. »Da heiratet meine Nichte und ich sitze hier auf dem Abstellgleis«, denke ich. Ich fühle mich ausgegrenzt. Das ist nicht fair! Und schon kommt mein Gedankenkarussell in Bewegung.

Dies äußert sich in einem inneren Selbstgespräch: »Typisch, du kriegst mal wieder nichts auf die Reihe. So etwas kann auch nur dir passieren. Alle anderen können schlafen, du liegst wach. Und nun warst du auch zu blöd, den Weg zu finden und rechtzeitig anzukommen!«

Mein Frust findet seinen Höhepunkt, als die Familie des Brautpaares während des Segens nach vorne gebeten wird. Hier hätte ich aufstehen und zu den anderen gehen können. Doch ich habe mich inzwischen so sehr eingeigelt, dass ich es nicht tue und stattdessen deprimiert auf meinem Platz verharre, von negativen, selbst anklagenden Gedanken eingekreist. Nein, das ist wahrlich keine große Sache, es gibt weitaus Schlimmeres. Doch bei mir fallen diese Erlebnisse auf fruchtbaren Boden. Sie unterstützen eine alte, sehr alte Haltung, die mit der Zeit gewachsen ist und ihren Ursprung in meiner kindlichen Verletzung hat. Diese innere Haltung verhindert einen lockeren Umgang mit der Situation.

Doch hier, genau in diesem Augenblick geschieht plötzlich eine Wende, ausgelöst durch ein Kleinkind. Ein Mädchen kommt auf allen vieren auf mich zugekrabbelt. Es zieht sich an meinem Bein hoch und legt seinen Kopf auf meinen Schoß. In diesem Augenblick empfinde ich etwas wie einen warmen, heilenden Strom. Dieses kleine Mädchen spendet mir Trost und erreicht mich an dem inneren Ort, wo sich mein eigenes Inneres Mädchen verletzt und enttäuscht zurückgezogen hat, in einem altbekannten Gefühl der Einsamkeit und des Ausgeschlossenseins.

Kurz darauf kommt die Mutter des kleinen Mädchens, nimmt es und sagt entschuldigend zu mir: »Komisch, das hat sie noch nie gemacht!« Ich selbst glaube in diesem Augenblick, dass Gott dieses Kind geschickt hat. Das ist nach meiner Erfahrung Gottes Art, sozusagen seine liebevolle Handschrift.

Und genau das macht den Unterschied. Ich hätte mich aufraffen können, als Erwachsene reagieren, aufstehen, Initiative ergreifen, anstatt die beleidigte Leberwurst zu spielen. Es hätte viele vernünftige Argumente gegeben, um anders, eben erwachsener mit der Situation umzugehen. Aber ich konnte das von mir aus in dieser Situation nicht. Und Gott leistete sich andere Wege, er schickte ein Kind!

Manchmal sendet er auch Tiere. Clarisse lebt in Frankreich, ich habe sie durch eine Freundin kennengelernt. Sie hat mein Buch »Im Käfig der Angst« gelesen und die Bedeutungsräume, vor allem der darin beschriebene intime Raum haben sie sehr angesprochen.

An einem Tag sitzt sie allein am Strand und »malt« die Bedeutungsräume in den Sand. Sie hockt sich dann in ihren intimen

Raum, nimmt sich viel Zeit, betet dort und nimmt ihre Gefühle wahr. Doch sie empfindet nur eine erdrückende Leere. Große Traurigkeit und innere Einsamkeit überfallen sie. Plötzlich läuft ein Hund auf sie zu. Er nimmt keinerlei Rücksicht auf Nähe und Distanz, sondern kommt schwanzwedelnd in den »intimen Raum« und legt sich zu ihr. Clarisse liebt Hunde sehr, schon seit ihrer Kindheit, und nun kommt ein völlig fremder Hund und schließt Freundschaft mit ihr. Daher streichelt sie ihn liebevoll und genießt diesen Augenblick. Auch sie spürt in diesem Moment den Trost. Nach einiger Zeit springt der Hund auf und ist verschwunden. »Es klingt total verrückt«, berichtet Clarisse, »da war weit und breit kein Besitzer zu sehen. Der Hund kam aus dem Nichts und verschwand wieder. Wie kann das sein?«

Ja, es klingt verrückt. Aber auch ich kenne solche Erlebnisse, die ich nicht erklären kann. Man schämt sich fast, sie zu erzählen, da man fürchtet, für nicht ganz zurechnungsfähig gehalten zu werden. Doch genau das macht den Glauben aus: Ermutigung und Trost an dem Ort, wo der Schmerz sitzt. Das ist nicht vernünftig, sondern einfach nur unglaublich liebevoll. Und es zeigt mir, dass dieser Gott, an den ich glaube, uns genau kennt und mit Liebe betrachtet, ein Gott, der sich uns zuwendet, sich nicht von unserer Fassade beeindrucken und ablenken lässt, sondern unsere tiefsten Bedürfnisse und Wunden wahrnimmt.

Mein Bruder Diethelm hat mir einmal von einem Erlebnis seiner Frau berichtet, das ihn sehr beeindruckt hat. Er hat es oft gebraucht, um diese Zuwendung Gottes zu beschreiben. Dieses Bild ist bei mir hängen geblieben.

Meine Schwägerin befindet sich im Discounter beim Einkauf. Dort begegnet ihr ein Mädchen im Teeniealter mit seinem Vater. Was ihr sofort auffällt, ist eine kahl geschorene Stelle mit einer deutlich sichtbaren Narbe am Kopf des Mädchens. Das Mädchen hält sich einen Jeansrock aus dem Angebot vor den Bauch, bewegt sich mit tänzerischen Schritten vor den Augen der anderen Kunden und zeigt sich damit stolz seinem Vater. Der freut sich offensichtlich mit, geht auf seine Tochter zu und gibt ihr einen Kuss auf die unansehnliche Narbe.

Was für ein wunderbares Bild! Im übertragenen Sinn: Gott küsst unsere Wunden. Er beachtet und würdigt sie.

Wie würde sich manches verändern, wenn uns bewusst wäre, dass wir es bei Menschen, die wir unsympathisch finden und die großspurig daherkommen, gleichzeitig mit verwundeten Menschen zu tun haben?

»Kinder mit Wunden sind sicher bei dir«, so lautet eine Zeile in dem Lied »Keiner ist wie du!«[23] Ja, davon bin ich überzeugt: Bei Gott sind Kinder mit Wunden sicher. Bei den Menschen allerdings, die an ihn glauben und von ihm sprechen, trifft das nicht immer zu.

Zur Sicherheit gehört es, in der eigenen Identität gestärkt und nicht wiederum verunsichert zu werden, wie es leider auch oft im christlichen Kontext immer wieder passiert. Vor vielen Jahren entdeckte ich ein Plakat im Schaukasten einer christlichen Gemeinde, eine Karikatur. Leider habe ich das Bild nicht mehr genau vor Augen, wohl aber Inhalt und Aussage dieses Plakates: Selbstvertrauen wird gegen Gottvertrauen gestellt. Die Kernaussage lautet ganz offensichtlich: Wer auf sich selbst vertraut, erleidet Totalschaden. Wer dagegen auf Gott vertraut, hat eine Zukunft. Der Appell, der darin liegt, heißt: »Setze dein Vertrauen nicht auf menschliche Macht und Selbstgerechtigkeit, sondern vertraue dich Gott an.« Dem stimme ich ja durchaus zu. Ich glaube, dass unser Vertrauen auf Gott und seine Barmherzigkeit uns durchträgt.

Und doch ist diese Aussage, so plakativ und schwarz-weiß gezeichnet, nicht nur faktisch falsch, sondern obendrein für Menschen, die in sich selbst verkrümmt und verunsichert sind, geradezu ein Fiasko. In seinem wunderbaren Buch »Herztöne – Lauschen auf den Klang des Lebens« schreibt der Geigenbauer Martin Schleske: »Wenn du eine charismatische Frömmigkeit lebst, dann vertraue nicht nur dem Himmel, sondern auch der Weisheit deiner Seele, und werde so nicht nur geistlich, sondern auch menschlich reif.«[24]

Jeder Mensch braucht Selbstvertrauen, ohne geht es nicht. Und wenn es stimmt, dass Gott sich mit mir selbst, meinen Verwundungen und meinem Inneren Kind verbunden hat, wie kann ich dann Gott vertrauen und mir selbst nicht? Wie soll das möglich sein, wo doch beides aus dem Herzen kommt? Wie kann ich mir misstrauen, wenn selbst Gott ganz offensichtlich Vertrauen in mich investiert?

Menschen mit einem gesunden Selbstwertgefühl werden mit einem solchen Plakat sicher keine Probleme haben, aber für unsichere oder traumatisierte Menschen, die sich ohnehin ständig mit Schuldgefühlen und Selbstanklagen herumquälen, sind derartige Aussagen fatal. Unter diesem Gesichtspunkt betrachte ich manche christlichen Plakate ziemlich kritisch, denn wir sollten damit sehr sensibel umgehen.

Selbstverständlich sind prägnant formulierte Sätze nicht durchweg schlecht, sie können auch exakt in eine Situation hineinsprechen und ermutigen, wie ich selbst es schon erlebt habe.

Einmal bin ich auf der Autobahn unterwegs. Es geht mir nicht besonders gut, ich habe eine anstrengende Zeit mit vielen negativen Nachrichten und komplizierten Gesprächen hinter mir. Nach einem Überholvorgang schere ich wieder nach rechts hinter einen Lkw. Da lese ich am Heck des Lkw in großen Buchstaben: »Gottes Liebe ist stärker als alles!« Dieser Satz trifft mich in diesem Augenblick in meinem Innersten. Es ist so, als würde Gott selbst ihn jetzt und hier zu mir sprechen: ein tröstender Zuspruch vom Feinsten!

Doch Appelle oder negative Aussagen können isoliert und verkürzt zu Missverständnissen führen und Schaden anrichten. Deshalb mag ich die Zeile eines Liedes von Reinhard Mey sehr. In seinem Song »Bevor ich mit den Wölfen heule«, heißt es in einer Strophe: »Und es passt, was ich mir denke, auch wenn ich mich sehr beschränke, nicht auf einen Knopf an meiner Brust.«[25] Das meiste in unserer Welt lässt sich eben nicht in einen Satz, eine einzige Aussage pressen. Gerade das, was mit Gottes Liebe und unserem persönlichen Glauben zusammenhängt, hat eine solche Tiefgründigkeit, dass platte und oberflächliche Formulierungen keinen Nutzen bringen, sondern eher zu Missverständnissen führen.

Uns sollte bewusst sein, dass die Gruppe der Verunsicherten und Verkrümmten, wie ich es gern nenne, bei Weitem keine Minderheit ist. Gerade unsere christlichen Gemeinden sind voll von ihnen. Das lässt sich sehr leicht erklären: Kirchen und Gemeinden, gerade die kleineren und überschaubaren, ziehen diese Menschen an, denn sie bieten einen sozialen Halt. Es lohnt sich also, unsere Aussagen und unsere Wortwahl zu überdenken, damit dieser innere, intime Raum nicht erneut verletzt, sondern gestärkt wird, und Menschen in ihrer Art zu glauben nicht entmutigt oder gar entmündigt werden.

Vielleicht fragen Sie sich, wen ich hier anspreche, die in sich Verkrümmten oder die Verursacher und Förderer dieser Verkrümmung? Vielleicht beide, denn gerade die Menschen, die keinen Zugang zu ihrem inneren Raum haben, sind am stärksten gefährdet, zur Verkrümmung anderer Menschen beizutragen. Gerade sie setzen auf äußere Regeln und die »richtigen« Lehrsätze. Je weniger ich mit mir selbst in Kontakt bin, desto besser und prachtvoller muss die Fassade sein. Es muss nach außen alles stimmen, sonst bricht die Basis weg, wie wir es schon im ersten Kapitel gesehen haben. Hier besteht die Gefahr, dass gute und richtige Lehren von innen ausgehöhlt werden und nur noch die Fassade stimmt. Lehrsätze aber, seien sie auch noch so richtig, machen unser Herz nicht satt.

Ein alter Song des christlichen Liedermachers Arno Backhaus drückt es treffend aus: »Hinter mancher Lehre gähnt die Leere. Zum Schluss bestehen leere Formen fort.«[26]

Es ist tragisch, wenn wir uns daran gewöhnen. Solange wir jedoch fühlen und uns nach etwas sehnen, gibt es Hoffnung auf Veränderung.

Gefühlsecken

Die folgende Übung, zu der ich Sie einladen möchte, kann dabei helfen, die Gefühle zu entdecken. Suchen Sie sich ein Zimmer in Ihrer Wohnung und ordnen Sie den vier Ecken des Zimmers jeweils eines der vier Grundgefühle Freude, Trauer, Angst und Wut zu. (Es gibt weitere Grundgefühle, aber diese sind für die Übung nicht relevant.) Überlegen Sie, wie diese »Gefühlsecken« aussehen könnten. Wie sieht beispielsweise eine »Wutecke« aus? Welche Farbe(n) hat sie? Vielleicht gibt es Gegenstände, die Sie damit verbinden, eine bestimmte Musik, die Ihnen im Ohr klingt. Wenn Sie möchten, machen Sie es praktisch und gestalten Sie die einzelnen Ecken, das braucht keinen großen Aufwand, ein Tuch oder Blatt in der passenden Farbe oder ein Gegenstand, den Sie mit diesem Gefühl verbinden, reichen aus.

Dann besuchen Sie die einzelnen Ecken, nehmen Sie sich Zeit hinzuspüren. Welches Gefühl ist Ihnen vertraut, welches eher fremd? Welches Gefühl gibt Ihnen Sicherheit, von welchem werden Sie angezogen? Welches Gefühl würden Sie sich gern erlauben, wagen es aber nicht?

In einem Seelsorgeseminar, das ich ganz zu Anfang meiner Aufarbeitungszeit besuche, machen wir genau diese Übung. Ich bin erstaunt, dass es sich nach meinem Empfinden um drei negative und nur ein positives Gefühl handelt. Deshalb suche ich sofort die Ecke der Freude auf. Freude ist positiv, Freude ist herrlich, Freude ist Lebensenergie, nach ihr sehne ich mich. Doch als ich an diesem Platz verharre, den wir zuvor mit vielen farbenfrohen Tüchern gestaltet haben, und mich selbst und meine Empfindungen wahrnehme, fühle ich mich unerwartet fremd. In mir steigt Wut auf, deshalb gehe ich in die »Wutecke«. Dort will ich nicht sein, schaue deshalb wieder zur »Freudenecke« hinüber. Die bunten Farben ziehen mich erneut an. Ein zweiter Versuch: Ich gehe hin, nehme mich wahr. Wieder das Gleiche. Was macht mich hier wütend? Warum fühle ich mich an diesem Ort meiner Sehnsucht so fremd?

Gedanklich komme ich der Sache auf die Spur. Freude war in meiner Kindheit Programm. Ein Christ muss fröhlich sein, denn er hat allen Grund zur Freude. Mit meiner Trauer konnte vor allem mein Vater nicht umgehen, er hielt sie nicht aus. Und Wut? Die durfte es erst recht nicht geben. Andererseits lag sie oft sehr spürbar im Raum. Wenn ich später wütend wurde, hatte ich ein schlechtes Gewissen, unterdrückte die Wut oder richtete sie gegen mich selbst.

Wie befreiend ist es für mich, schon damals in diesem Seminar, meine Wut herauslassen zu dürfen, und das nicht nur verbal, sondern auch ganz praktisch. Da lege ich zum Beispiel für dieses System der verordneten Freude ein Kissen in die Mitte, boxe und haue darauf oder werfe Bälle auf dieses Kissen, schimpfe mit ihm und mache ihm klar, was ich von ihm halte, denn diese Wut ist berechtigt. Freude kann nicht verordnet werden. Wenn sie nur unsere innere Wut, Trauer oder Angst verdecken soll, ist sie nicht nur heuchlerisch, sondern macht auch krank.

Überhaupt sind Gefühle nicht per se gut oder schlecht, sondern erst einmal neutral. Wenn ein Kind auf die heiße Herdplatte fasst, sorgt der Schmerz dafür, dass es die Hand zurückzieht. So haben auch scheinbar negative Gefühle eine wichtige Funktion. Angst vor dem Unbekannten kann vor Gefahren schützen oder Menschen von wunderbaren Erlebnissen zurückhalten. Wut über schlechte Systeme kann für Veränderung sorgen. Schadenfreude ist überhaupt nicht gut. Wenn man etwas oder jemanden loslassen muss, ist Trauer immens wichtig und heilsam. Gleichzeitig kann anhaltende Traurigkeit lähmen.

Deshalb heißen Sie Ihre Gefühle willkommen und geben Sie ihnen einen geeigneten Raum der Erlaubnis! Das Buch »ABC der Gefühle«[27] von Udo Baer und Gabriele Frick-Baer kann Sie dabei unterstützen. Die Autoren stellen darin sechzig Gefühle vor, erklären ihre Bedeutung für unser Leben und unsere Gesundheit und zeigen, wie man mit negativen Gefühlen umgehen kann.

Fragen:

- Erlauben Sie sich Gefühle? Dürfen andere sie mitbekommen?
- Wie können Sie Ihre Gefühle am besten ausdrücken?

An die richtige Adresse

Ich habe bereits von Katja erzählt, die ihr Inneres Kind wieder vom Kreuz zurückgeholt und mit ihm Kontakt aufgenommen hat. In einer weiteren Einheit lässt sie ihre widersprüchlichen Gefühle mithilfe verschiedener Musikinstrumente ertönen. Dabei kommt sehr viel Traurigkeit über unerlaubte, nicht gelebte Gefühle hoch. Diese Verbote sind in ihr fest verankert – auch in Gestalt von Leit(d)sätzen.

Die Verursacher sind ihre Eltern, die selbst verletzt wurden und sich und ihrer Tochter deshalb keine Gefühle erlaubt haben. Deshalb gibt Katja dieses Verbot an ihre Eltern zurück. Sie spricht es laut aus, richtet ihre Sätze direkt an ihre Eltern, die zwar nicht im Raum sind, deren Anwesenheit sie sich aber vorstellt, und gibt das, was sie an Einengendem, Belastendem und Falschem übernommen hat, an sie zurück.

Das ist wichtig, denn auch hier wird vieles oft zu schnell in einem Gebet an Gott, an Jesus abgegeben. Doch er ist hier die falsche Adresse, obwohl ihn unsere Gefühle interessieren. Gott kann mit Gefühlen umgehen, das zeigen schon die Psalmen, in denen die Dichter Gott ihr Leid klagen oder ihm zujubeln. Auch für mich ist Gott jemand, zu dem ich meine Sorgen und Lasten bringe. Vor ihm kann ich mein Herz ausschütten und »Rotz und Wasser« heulen. Aber etwas zurückgeben, was letztlich nicht zu mir gehört, kann ich nur an den, von dem ich es bekommen habe. Das sollten wir uns bewusst machen.

Immer wieder erlebe ich es, dass Betroffene tatsächlich nur dann Freiheit spüren, wenn sie in diesem Fall »die richtige Adresse« benutzen, also die Personen, die ihnen diese Leit(d)sätze mitgegeben haben.

Je mehr wir uns von fremden Leitsätzen wie im oberen Beispiel gelöst haben, desto mehr können wir zu den Menschen werden, die wir wirklich sind. Wir können zu dem stehen, was uns von anderen unterscheidet. Wir können und dürfen uns abgrenzen. Diese Grenzen sind lebenswichtig. Sie engen uns nicht ein, sondern geben uns Freiheit zur eigenen Entfaltung.

Fragen:

- Neigen Sie dazu, Unangenehmes mit einem schnellen Gebet »aus der Welt zu schaffen«?
- Schleppen Sie »fremde« Altlasten mit sich herum, die Sie getrost zurückgeben dürfen?

III. Gelebte Freiheit

Die Freiheit der flexiblen Grenze

In einer Fortbildung üben wir in Zweiergruppen das Nein-Sagen. Wir testen miteinander verschiedene Qualitäten des Neins. Da ist das klare, vielleicht trotzige Nein, das spielerische, mit Leichtigkeit gesprochene Nein, oder das »herumeiernde«, sich anbiedernde Nein. Wir probieren die Neins in allen Variationen und Facetten aus. Es macht regelrecht Spaß und wir biegen uns vor Lachen. Doch in einem sind wir uns einig: Das sich anbiedernde Nein, das Nein mit vielen Erklärungen, das »Sei mir nicht böse«- oder »Es ist nichts gegen dich«-Nein ist ausgesprochen unsympathisch und erzeugt in uns eine regelrechte Abneigung. Andererseits spüren wir: Nein zu sagen kann Spaß machen, ja, sogar eine gewisse Leichtigkeit haben.

In meinem Leben war ich lange Zeit unfähig, Nein zu sagen. Man konnte mich fast immer herumkriegen, mir zumindest ein »Mal sehen« oder »Weiß noch nicht« entlocken, entweder weil ich mich schuldig oder aber weil ich mich geschmeichelt fühlte.

In seinem Buch »Selbstfürsorge – Wie Helfende das Helfen gut überleben« schreibt der Leiter der Zukunftswerkstatt Udo Baer: »Das Recht, Nein zu sagen, liegt in Ihnen, in Ihrer Selbstfürsorge und Ihrer Selbstwürdigung begründet und nicht im Verständnis der anderen.«[28]

Mich selbst zu würdigen, davon war ich weit entfernt. Oft wusste ich ja nicht einmal, ob ich etwas wollte oder nicht. Damit bin ich bei Weitem nicht allein. Es gibt ganze Seminare und unzählige Bücher zu diesem Thema.

Unsere frommen Neins

Als Christen greifen wir oft zu ganz anderen Mitteln, wenn es um das Thema Nein geht: Wir beziehen eine höhere Instanz mit ein. Da sagen wir zum Beispiel: »Gott hat mir gezeigt, dass ich das nicht machen soll«, »Ich habe den Eindruck, ich soll Nein sagen« (mit

»Eindruck« ist hier ein Eindruck von Gott gemeint), oder wenn man noch keine Antwort geben möchte: »Darüber muss ich erst einmal beten.« In der Bibel heißt es: »Man muss Gott mehr gehorchen als den Menschen« (Apostelgeschichte 5,29). Mit diesen Sätzen ist ein Nein daher vermeintlich nicht nur von höchster Instanz legitimiert, sondern stellt auch noch die eigene »selbstlose« Haltung unter Beweis, besonders dann, wenn man seinem Nein obendrein einen bedauernden Ton verleiht.

Das mag für Sie zynisch klingen, aber es ist der ehrliche Blick in den Spiegel, auch in meinen eigenen. Wir sollten und wir können es uns leisten, in den Spiegel zu schauen. Es geht darum, sich bewusst zu machen, dass das, was wir hier tun, selten beabsichtigt und schon gar nicht böswillig geschieht, sondern vielmehr aus einer tiefen Angst heraus, der Angst, nicht geliebt, nicht anerkannt zu werden. Wir trauen uns nicht, mit unserer eigenen Autorität, die wir haben, weil es um unser Leben, um unsere Zeit geht, Nein zu sagen, also benutzen wir Gottes Autorität.

Dabei geht es nicht darum, solche Eindrücke generell als Fantasie abzutun. Ich habe durchaus schon klare Eindrücke von Gott bekommen, Situationen, die sich nicht erklären lassen. Für mich bedeutet Gebet nicht nur Reden mit, sondern auch Hören auf Gott. Ein solcher Eindruck kann dann zum Beispiel so aussehen, wie ich es vor einigen Jahren erlebt habe.

In einer Nacht werde ich mit einem Satz im Ohr wach, der so klar und deutlich vor mir steht, dass ich nicht sicher bin, ob ich ihn akustisch gehört habe: »Höre auf, in der Pauluskirche zu predigen.« Dieser Satz verwirrt mich. Damals finden in der Pauluskirche regelmäßig Gottesdienste statt, in der Christen aus unterschiedlichsten Kirchen und Gemeinden gemeinsam Gottesdienst feiern. Hin und wieder predige ich dort. Doch hier und jetzt steht dieser Satz plötzlich ganz klar und deutlich vor mir. Für mich besteht keinerlei Zweifel, dass es Gott ist, der zu mir gesprochen hat, obwohl ich nicht verstehe, warum er das möchte.

Deshalb führe ich ein Zwiegespräch mit ihm. »Aber warum?«, frage ich und nehme den Gedanken wahr: »Du nimmst anderen die

Chance!« Ich antworte: »Aber du hast doch meine Predigten immer gesegnet!« Wie oft hatten mir Besucher dieser Gottesdienste gespiegelt, dass diese oder jene Predigt genau in ihr Leben gesprochen habe, dass sie diese als Segen erlebt haben. Wenn etwas gesegnet ist, wie wir Christen das gern nennen, ist das unserer Ansicht nach normalerweise Grund genug, weiterzumachen, da es sich vermeintlich um eine klare Bestätigung handelt. Doch jetzt »höre« ich eine Antwort von Gott, die mich erstaunt und gleichzeitig sehr berührt: »Das habe ich dir doch versprochen.« Wärme und Dankbarkeit durchströmen mich in diesem Augenblick und ich ahne etwas von dem Charakter Gottes, der so ganz anders ist. Wir Menschen sind eher mit einer imaginären Messlatte unterwegs. Hat etwas Erfolg oder nicht? Ist es effektiv? Dann muss es richtig sein. Gott leistet sich anscheinend eine andere Bewertung.

Gleich am nächsten Tag melde ich mich aus dem Predigtteam ab und begründe es mit meinem nächtlichen Gotteserlebnis. Hier fühlt es sich gut und richtig an, den Grund für meine überraschende Absage klar zu benennen. Doch manches Mal habe ich diese Begründungen auch als frommen Rückhalt genutzt, um dem anderen von vornherein den Wind für lästige Rückfragen aus den Segeln zu nehmen, um mich selbst abzusichern und meinem Nein Autorität zu verleihen, sozusagen als K.-o.-Argument. Hier wäre ein einfaches, aber klares Nein authentischer und würde ganz und gar ausreichen.

Gott als Ausrede für unser Nein zu benutzen, ist typisch bei Gesprächen zwischen Christen. In anderen Situationen schieben Menschen vielleicht wichtige Termine vor, die Kinder oder die Arbeit. Generell mühen wir uns bei unseren Neins oft mit Erklärungen ab, weil es uns wichtig ist, dass der andere uns versteht und unser Nein akzeptiert, ohne schlecht über uns zu denken oder uns böse zu sein.

Diesen Zahn können wir uns allerdings getrost ziehen lassen. Es wird uns nicht jeder verstehen – das kann und muss er auch nicht. Im Gegenteil: Manche werden uns unsere Neins übel nehmen und richtig sauer sein. Dann ist es eben so. Damit dürfen wir leben lernen, ja, wir müssen es sogar, wenn wir uns selbst treu bleiben und uns nicht von den Erwartungen anderer leben lassen wollen. Was mich betrifft: Ich bin dabei, es zu lernen. Aber ich übe noch.

Die Basis, auf der wir unsere Neins üben können, ist zu wissen, dass wir ein Recht darauf haben. Wir haben dieses Recht, zu wählen und zu entscheiden. Wir haben dieses Recht ohne Wenn und Aber. Das ist für viele tatsächlich nicht selbstverständlich. Gerade bei Christen höre ich immer wieder, die Frage »Darf ich Nein sagen, bin ich denn nicht als Christ geradezu verpflichtet, einem anderen nichts zu verweigern?«

Die Nächstenliebe, das oberste Gebot, wird leider immer wieder aus dem schon genannten Dreiklang herausgenommen und isoliert betrachtet. In diesem Dreiklang, Gott, den Nächsten und mich selbst zu lieben, bedeutet es Freiheit. Wird es aus diesem Dreiklang herausgenommen, bedeutet es Druck und Stress.

Doch auch in der Öffentlichkeit scheint es gängige Meinung zu sein, dass zumindest Träger eines geistlichen Amtes berufen sind, allzeit bereit zu sein und immer und überall zu helfen. Da müssen dann ganz selbstverständlich Familien und besonders Kinder zurückstecken. Da wird der Urlaub abgebrochen, der Familienausflug vertagt, das Versprechen nicht eingehalten. Selbstverständlich gibt es Anlässe, bei denen es nicht anders geht. Doch dies als das Normale und Erstrebenswerte anzusehen, halte ich für äußerst fragwürdig. Trotzdem wird es uns in Fernsehserien, die von Geistlichen handeln, oft genug suggeriert, so zum Beispiel in der Serie »Um Himmels Willen«, die seit 2002 im Ersten gesendet wird. Die Nonne Schwester Hanna Jacobi ist dort immer wieder bemüht, das Kloster Kaltenthal vor den Attacken des Bürgermeisters Wöller zu retten. Verständlicherweise. Aber sie kümmert sich darüber hinaus schlichtweg um alles und jedes, mischt sich in Familien und Beziehungen ein, gibt gern ungefragt Ratschläge, vermittelt, verkuppelt und versorgt. Kurz: Sie ist als Retterin überall im Dauereinsatz. Schlicht alle Menschen, denen sie begegnet, sind ihre Schützlinge. Und am Ende kommt immer etwas Gutes dabei heraus, der Erfolg gibt ihr also recht.

Ist dieses Verhalten tatsächlich Christenpflicht? Hat Jesus, auf den Christen sich ja berufen, es auch so gemacht, war er immer überall verfügbar? Wie hat er es mit den Grenzen und vor allem mit der Freiheit gehalten? Das Neue Testament berichtet darüber.

Markus 1,32-39: An diesem Abend ist eine Menge los. Viele bedürftige und kranke Menschen haben Jesus aufgesucht. Er hat sich um alle gekümmert, ihnen geholfen, sich ihnen zugewandt und sogar viele geheilt. Am nächsten Morgen in der Dämmerung ist Jesus plötzlich verschwunden. Er hat sich zurückgezogen in die Einsamkeit. Doch die Menschen sind noch da. Sie wollen mehr von ihm und erwarten weitere Hilfe. Sein Freunde, Simon Petrus allen voran, suchen und finden ihn. »Alle suchen dich, wo bleibst du denn?«, fragen sie, vermutlich mit einem vorwurfsvollen Unterton. Was antwortet Jesus? Entschuldigt oder verteidigt er sich? Nein, er sagt schlicht und ergreifend: »Lasst uns woanders hingehen! Meine Berufung ist es, auch in den anderen Dörfern zu predigen.«

Markus 3,31-34: Jesus predigt in einem Haus. Es ist eng, die Menschen hören ihm zu, sitzen dicht gedrängt. Seine Mutter und seine Brüder wollen zu ihm, doch es ist zu voll und viel zu eng, sie können nicht hinein. Deshalb sagen sie jemandem Bescheid, der in der Nähe ist. »Sag ihm, dass seine Familie draußen steht und auf ihn wartet.« Wie reagiert Jesus darauf? Er schaut die Leute an und antwortet: »Die Leute, die hier vor mir sitzen, sind meine Mutter und meine Brüder.« Er bleibt im Haus und predigt weiter.

Johannes 2,1-4: Jesus befindet sich mit seiner Mutter auf einer Hochzeitsfeier. Da kommt es zu einer peinlichen Situation, der Wein ist ausgegangen. Die Hochzeitsplaner haben sich glatt verrechnet, schlecht kalkuliert. »Sie haben keinen Wein mehr«, sagt seine Mutter zu Jesus, ein eindeutiger Appell, ganz nach dem Motto: »Kümmere dich darum, tu etwas!« – »Noch nicht«, antwortet Jesus, »später!«

Johannes 11,1-16: Viel unverständlicher und geradezu dramatisch erscheint das Verhalten von Jesus, als er erfährt, dass sein enger Freund Lazarus todkrank ist. Dessen Schwestern drängen ihn allein durch die Nachricht »Der, den du lieb hast, liegt krank!«

Darin steckt ein deutlicher, wenn auch nicht klar ausgesprochener Appell. Ich hätte mich mit fliegenden Schuhsohlen auf den Weg gemacht. Jesus bleibt noch zwei Tage, wo er ist, dann erst reist er zu seinem Freund.

Jesus scheint nie unter Zeitdruck zu stehen. Selbst als er auf dem Weg zu einem todkranken Mädchen ist, wendet er sich unterwegs einer Frau zu, die ihn im Gedränge gar nicht um Hilfe gebeten, aber ihn am Kleidersaum berührt hat (Lukas 8,40-55). Doch diese Frau ist Jesus wichtig und er möchte, dass sie weiß, dass er ihr Verhalten gutheißt.

Ein anderes Mal ist Jesus nach einem langen Arbeitstag total erschöpft, sodass er sich mit seinem Team aus dem Staub machen möchte. Endlich Ruhe in der Abgeschiedenheit! Die Leute aber laufen ihm hinterher und stehen bald darauf wieder mit sehnsüchtigen, erwartungsvollen Augen vor ihm. Alle Müdigkeit scheint nun vergessen. Es heißt: »Und sie jammerten ihn, denn sie waren wie Schafe, die keinen Hirten haben« (Markus 6,34). Das griechische Wort »splagchnizomai«, das hier gebraucht wird, bedeutet weit mehr als »ein wenig Mitleid haben«. Jesus wurde von tiefem Erbarmen ergriffen, wörtlich: Es drehten sich ihm die Eingeweide herum.[29] So lässt Jesus die berechtigte und bitter nötige Ruhepause sausen und wendet sich den Menschen zu.

An diesen Beispielen, die nur einige von vielen sind, erkenne ich zwei Dinge: Es gibt keine Methoden, keine Systeme, keine Regeln, nach denen Jesus sich richtet. Positiv ausgedrückt: Für ihn ist der richtige Augenblick, in dem sich etwas organisch zusammenfügt, maßgebend. Dieser göttliche Augenblick, der perfekte Zeitpunkt heißt auf Griechisch »Kairos« im Gegensatz zu »Chronos«, das die zeitliche Abfolge meint.[30] Kairos hat mit Spiritualität zu tun (mehr dazu in Kapitel 4 »Gelebte Spiritualität«).

Das Zweite, was auffällt: Die Entscheidungen von Jesus, sein Ja oder Nein, haben mit seinem Selbstverständnis, seiner Berufung und Sendung zu tun. Besonders eine Geschichte im Neuen Testament macht das sehr deutlich: Jesus sitzt mit seinen Freunden am Vorabend seiner Kreuzigung in trauter Runde zusammen.

Plötzlich nimmt er eine Schürze, holt eine Schüssel mit Wasser und fängt an, seinen Freunden die Füße zu waschen. Damit bricht er die Konventionen der damaligen Gesellschaftsregeln. Die vom Staub der Straße verdreckten Füße eines Gastes zu waschen war Aufgabe der Sklaven. Jesus überschreitet die bestehenden Regeln und er hat die Freiheit, dies zu tun: »Jesus aber wusste, dass ihm der Vater alles in seine Hände gegeben hatte und dass er von Gott gekommen war und zu Gott ging« (Johannes 13,3). Mit anderen Worten: Jesus ist sich seiner Identität sicher, seines Woher und Wohin, seiner göttlichen Bestimmung, seines Zuhauses in Gott und in sich selbst.

Diese tiefe Überzeugung: Ich habe ein Recht auf Grenzen, ich habe ein Recht darauf, eine Wahl zu treffen, Ja oder Nein zu sagen, liegt hier begründet und braucht diesen Boden, in mir selbst zu ruhen, mich dort zu Hause zu wissen und auch zu fühlen. Je mehr ich bei mir angekommen bin und in mir ruhe, desto weniger massiv muss ich Nein sagen, desto weniger Anstrengung brauche ich beim Setzen meiner Grenzen.

Dazu möchte ich Ihnen die Geschichte von Andreas erzählen, mit dem ich einige Zeit gearbeitet habe.

Ein starkes Ich braucht keine starren Grenzen

Es klingelt an der Haustür, ein hochgewachsener Mann steht davor. Einige Tage zuvor haben wir diesen Termin für eine Beratung ausgemacht. Ich finde es immer wieder interessant, der Stimme eines Telefonates schließlich in Gestalt einer Person gegenüberzustehen. Auch jetzt bin ich überrascht. Am Telefon hat mir eine etwas verhalten klingende Stimme von Schwierigkeiten berichtet, Grenzen zu setzen. Vor mir steht aber nun ein kräftiger, junger Mann, dem ich ohne Weiteres eine klare Grenzsetzung zugetraut hätte.

»Mir fällt es schwer, Nein oder Stopp zu sagen«, berichtet er, »mich klar und verständlich abzugrenzen. Zu schnell lasse ich mich überreden, lasse etwas mit mir machen und erkenne zu spät, dass ich es eigentlich nicht wollte. Und wenn ich mich dann doch abgrenze, kommt es so massiv und schroff heraus, dass ich andere damit verletze; sie fühlen sich zurückgewiesen und abgelehnt.«

Wir arbeiten in den nächsten Einheiten an diesen Grenzen unter anderem mit Körperwahrnehmung und Bewegung. In einer Stunde lade ich ihn ein, sich ein Bild von einem sicheren Ort innerhalb seiner Grenzen vorzustellen und es anschließend auf einem Zeichenblatt zu gestalten. Er malt einen Strand, klares blaues Wasser im Hintergrund, ein prasselndes Lagerfeuer. Während er malt und erzählt, kommt er regelrecht ins Schwärmen. Dann zeichnet er weiträumig um dieses Lagerfeuer eine dicke, rote Grenze. Er tut es mit viel Krafteinsatz und Intensität, als sei diese rote Linie das Wichtigste überhaupt. »Da darf niemand rein«, sagt er, »diese Linie schützt mich vor Eindringlingen.« Plötzlich habe ich einen Impuls und frage ihn: »Andreas, wo bist du selbst eigentlich in diesem Bild? Möchtest du dich auch noch hineinmalen?« Andreas reagiert verständnislos. »In dem roten Kreis natürlich«, sagt er etwas schroff. Dann malt er ein grünes Strichmännchen in den Kreis neben das Feuer. »Das bin ich!«

Ich schaue mir das Bild an und lasse es auf mich wirken. Ein grünes Männchen, mal eben schnell hingemalt, das neben einem Lagerfeuer steht, eingeschlossen in eine dick markierte rote Grenzlinie, die es vor potenziellen Eindringlingen schützen soll. Irgendetwas scheint nicht stimmig zu sein.

Schließlich gebe ich Andreas meinen Eindruck weiter. »Könnte es sein, dass du selbst dieses Feuer bist, vielleicht ein ungelebter, aber ersehnter Teil von dir?« Ich spüre, dass ihn diese Frage irritiert. Er scheint verwirrt, neugierig und gleichzeitig verängstigt. Und genau das bringt er zum Ausdruck: »Das Feuer macht mich neugierig«, sagt er, »aber ich habe auch Angst davor.« Intuitiv vermutet er in diesem Feuer Schmerz und Trauer, gleichzeitig weckt es Sehnsucht in ihm. Wir gehen an diesem Tag nicht weiter.

In den nächsten Einheiten arbeiten wir an dem zentralen Ort, unter anderem mit einem »Ich bin ich«-Ritual, entdecken Gaben, Fähigkeiten und Ressourcen. Dann schlage ich ihm vor, für sein

»Ich bin ich« einen Klang, eine Farbe und ein Tier aus meiner Schleich-Tiersammlung zu finden. Er ist sofort mit Feuereifer bei der Sache. Zielgerichtet geht er auf die Instrumentenecke zu und greift nach einer roten Ukulele. Er schlägt die vier Saiten an, mal einzeln, mal kräftig, mal zart und vorsichtig. »Das bin ich«, sagt er. »Ich klinge mal so und mal so, und manchmal sind die Saiten auch verstimmt.«

Nun sucht er sich eine Farbe. Aus einem Korb mit bunten Chiffontüchern wählt er ein rotes, ein gelbes und ein grünes Tuch. Das grüne legt er schnell wieder zur Seite. »Nein, das brauche ich nicht!« Später erinnert es ihn an sein überflüssig gewordenes grünes Strichmännchen.

Nun ist das Tier an der Reihe. Lange wühlt Andreas in der Tierkiste, bis schließlich ein Löwe, ein Känguru und ein Wildpferd zum Vorschein kommen. Ein Tier reicht ihm nicht, er sucht sich drei sehr verschiedene Tiere für sein Ich.

Ich bitte Andreas, nun seinen inneren Ort zu gestalten. Er nimmt sich viel Zeit und ich genieße es, ihm dabei zuzusehen. Mit welcher Hingabe gestaltet er sein Ich, kein Vergleich mit dem schnell dahingekritzelten Strichmännchen von früher! Die Tücher werden liebevoll um die Ukulele herum drapiert. Der Löwe bekommt einen Platz auf dem Korpus der Ukulele, direkt am Loch. »Er steht für Stärke, Ausdauer und Standhaftigkeit, und er bewacht das Loch«, erklärt Andreas. Das Wildpferd hüpft sozusagen auf dem Ukulelenhals herum. Es drängt nach vorn, um Neues zu entdecken. Es ist eben ein Wildpferd. Zwischen den beiden positioniert er das Känguru, das in seinen Augen für Individualität und Lebensfreude steht, aber gleichzeitig auch etwas Beschützendes hat.

Was für ein wunderbares Bild eröffnet sich mir! Wir beide lassen es auf uns wirken. Andreas strahlt: »Das bin ich und die verschiedenen Facetten von mir. Ich weiß noch nicht genau, wo das Wildpferd hinläuft, aber es zeigt mir: Es gibt noch Neues zu entdecken. Es braucht keine Angst zu haben, denn da sind ja noch der Löwe und das Känguru.«

»Braucht dieses Ich noch etwas, vielleicht eine Grenze?«, frage ich. Andreas überlegt, sagt dann aber entschlossen: »Nein, die rote Grenze ist nicht mehr nötig.«

Persönlichkeitsanteile finden zueinander

Zum Abschluss biete ich Andreas an, mit dieser Gestaltung seines Ichs in Bewegung zu gehen, so etwas wie eine Geste oder Bewegung für den Löwen, das Wildpferd und das Känguru zu suchen. Schnell hat er auch diese gefunden. Mit seinem inneren Löwen stampft er auf den Boden, um seinem festen Stand Ausdruck zu geben, das Wildpferd strebt mit einer ausladenden Bewegung nach vorn, das Känguru weist mit einem ausgestreckten Zeigefinger den Weg. Es ist so, als wolle es dem Löwen sagen: »Schau mal, was das Wildpferd macht. Das ist auch noch da.«

Andreas wiederholt ein paarmal hintereinander die einzelnen Gesten, sie haben aber noch keine Verbindung zueinander. So lade ich ihn ein, bei einer spielerischen, lebhaften Musik die verschiedenen Elemente zu verbinden, die starren Einzelgesten loszulassen und in einen Fluss zu kommen. Es ist fantastisch, zu sehen, wie sich tatsächlich ein Tanz entwickelt. Nach einiger Zeit verbinden sich die einzelnen Elemente. Die Tiere tanzen miteinander, denn sie gehören zusammen. Andreas lehnt sich glücklich und erschöpft in einen Sessel zurück. Auch ich fühle mich reich beschenkt durch diese Einheit. Zum Schluss danken wir Gott für den Reichtum, den er in Andreas hineingelegt hat.

Beim nächsten Mal überrascht mich Andreas, als er gleich zu Anfang ankündigt: »Ich möchte dir heute erzählen, was ich als Kind erlebt habe.« Andreas berichtet von einer schweren Gewalterfahrung. Nun ist er bereit, auch seinen inneren Schmerz anzuschauen. Er fühlt sich sicher genug, um dies zu tun. Wie wichtig ist für uns diese innere Sicherheit.

Die Begegnung mit Andreas hat mir noch einmal deutlich gemacht: In mir selbst zu Hause zu sein und mich dort heimisch zu fühlen, ist der effektivste Schutz. Das funktioniert natürlich nicht von heute auf morgen. Andreas wird üben müssen, darin zu leben, so wie ich auch. Das Wiederfinden meines Ichs, verbunden mit der Erlaubnis, Grenzen zu setzen, hat mich zunächst dazu gebracht, sehr massiv davon Gebrauch zu machen. Es ist nur allzu verständlich, dass das Pendel zunächst vom einen ins andere Extrem ausschlägt. Mit dieser plötzlichen Grenzsetzung habe ich manche vor den Kopf gestoßen. Doch mit der Zeit wurde diese krasse Handhabe immer unnötiger. Für mich war es tatsächlich eine neue und überraschende Erfahrung, nicht mehr von anderen einfach »überfahren« zu werden, wie es früher so oft passierte. Offensichtlich strahle ich diese Grenze aus, ohne sie markieren zu müssen. Sie wird allgemein wahrgenommen. Darin liegt eine wunderbare Freiheit. Wir haben starre Grenzen nicht mehr nötig, können uns einlassen auf andere Standpunkte, ohne dabei selbst ins Wanken zu geraten. Dies erfordert den nötigen Respekt vor uns selbst und den anderen.

Bleiben wir eine Weile bei dem Begriff Respekt. Mir ist dieses Wort mit der Zeit immer wichtiger geworden. Respekt hat für mich sowohl mit gelebter Liebe als auch mit gelebter Freiheit zu tun. Das Wort »Respekt« bedeutet »Achtung, Ehrerbietung« und stammt von dem lateinischen »respectus« ab, das sich mit »Rücksicht, Nachsicht« übersetzen lässt. Es kommt vom Verb »respicere«, zurückschauen, das wir auch mit Rücksicht nehmen umschreiben, und bedeutet, etwas in Betracht zu ziehen oder einzubeziehen.[31] Darin spiegelt sich die Haltung wider, mit der ich anderen begegne. Ich schaue tiefer, genauer hin und ziehe etwas in Betracht, nämlich dass dieser Mensch seine eigene Geschichte und Vergangenheit hat. Diese beziehe ich ein, auch und gerade, weil ich sie nicht kenne.

Ein Freund und Unternehmer erzählt mir von seiner Geschäftsreise nach Japan. Er berichtet von der Begrüßungsart der Japaner. Wenn sie »Konnichiwa« sagen, das bedeutet »Guten Tag«, verbeugen sie sich und treten sogar einen kleinen Schritt zurück. Während mein Gesprächspartner mir dies anschaulich demonstriert, kommen mir fast die Tränen. Ich merke, wie mich dieses respektvolle Begrüßungszeremoniell geradezu aufwühlt. Warum? Weil ich so viel Übergriffiges erlebt habe, so viele Grenzüberschreitungen, eben nicht diese Rücksichtnahme, sondern das Ein- und Vordringen in den persönlichen Raum, ohne zu fragen, ohne um Erlaubnis zu bitten. Wie viel Respekt drückt dagegen dieses Begrüßungszeremoniell aus! Sicher, es ist nur eine äußere Form, und ein Begrüßungsritual allein macht noch keine respektvolle Haltung. Und doch malt es mir ein Bild von Achtung und Wertschätzung vor Augen, das mich sehr beeindruckt.

Wie oft habe ich selbst mich respektlos verhalten, indem ich die Grenzen eines anderen nicht beachtete, weil ich es doch so gut meinte. Das geschieht manches Mal durch kleine unscheinbare Dinge. Mir hat ein Buch geholfen und ich will meinem Mann aufdrängen, es auch zu lesen. Eine bestimmte Methode, ein Medikament, ein Arzt waren für mich der Ausweg, nun will ich es auch dem anderen aufdrücken. Vielleicht erscheint Ihnen das lächerlich, doch das ist es keineswegs. Ich weiß, dass daran schon Beziehungen zerbrochen sind und Menschen darunter leiden. Es geht ja nicht nur darum, dem anderen etwas vorzuschlagen. Die gute Absicht kippt ganz schnell, besonders dann, wenn die Person uns nahesteht und wir uns wirklich wünschen, dass ihr geholfen wird. Geht sie nicht auf unseren Ratschlag ein, liegt nicht selten ein unausgesprochener Vorwurf im Raum: »Wenn du auf mich hören würdest, ginge es dir – und damit mir – besser.« Kennen Sie diese Atmosphäre des Vorwurfs? Sie legt sich wie eine dunkle, belastende Decke auf unsere Beziehungen und ist fast mit Händen zu greifen.

Respektvoller Umgang bedeutet hier, die Entscheidungsfreiheit des anderen zu achten. Auch in diesem Fall gilt: Ich trage zuerst immer Verantwortung für mich selbst.

Gerade wenn wir einen wirkungsvollen Lösungsweg gefunden haben, sind wir hier gefährdet. Und falls die betreffende Person, der wir so gern helfen wollen, Probleme mit dem Neinsagen hat, ist wiederum sie gefährdet. So erlebte ich es mit einer älteren Frau namens Maria, die damals zu unserer Gemeinde gehörte.

Eines Tages bittet sie uns – ich glaube, wir sind zu dritt –, sie zu besuchen und für sie zu beten. Zuerst unterhalten wir uns ein wenig. Maria erzählt von ihren »Altlasten«, die sie heute noch quälen. Sie ist unter der Knute eines äußerst strengen und harten Vaters aufgewachsen und in ihrem Leben haben sich krank machende Leit(d)sätze entwickelt, die sie immer noch mit sich herumschleppt. Wir erklären ihr, wie sie diese Sätze ablegen kann. Ihr Zögern und ihre Unsicherheit nehmen wir nicht wirklich wahr, sprechen ihr stattdessen »Mut« zu, indem wir ihr gut zureden. Dies tun wir sehr intensiv und sehr beharrlich. Zureden – was für ein interessantes Wort. Neben »ermuntern« und »anregen« hat dieser Begriff auch Synonyme wie »auffordern« oder »beeinflussen«. Letzteres trifft es in unserem Fall wohl am ehesten. Das ist nichts anderes als Manipulation, sozusagen unter positivem Vorzeichen und mit den besten Absichten, doch auch dann bleibt es Manipulation.

Maria lässt sich von uns überreden. Anschließend fühlt sie sich befreit. Am nächsten Morgen ruft sie mich an und erzählt, dass sie sich am Abend von uns überrumpelt gefühlt hat. Es sei schon okay gewesen und es ginge ihr auch besser, trotzdem habe sie ein Grummeln im Bauch. »Das ist normal«, beruhige ich sie, und auch die zwei anderen stimmen mir zu, als sie es hören. Letztlich hat es ihr doch geholfen, folglich war es richtig, denken wir. Heute bin ich überzeugt: Wir haben eine Grenze überschritten. Auch wenn es letztlich geholfen hat, sind wir eindeutig zu weit gegangen, denn der Zweck heiligt keineswegs die Mittel!

Respektlose Grenzüberschreitung zeigt sich aber auch in gegenseitigen Unterstellungen. Ich unterstelle einem Menschen irgendwelche Motive. Ich nehme mir das Recht, zu beurteilen, warum dieser Mensch etwas tut oder sagt. Selbstverständlich kann ich Motive vermuten, kann auch nach ihnen fragen, doch beispielsweise zu behaupten: »Der oder die tut das ja nur, weil …«, das steht mir nicht zu. Ebenso wenig kann ich beurteilen, ob ein Mensch authentisch, also echt und wahr ist, oder nicht. Ich kann empfinden, dass etwas nicht stimmig ist, und mich schützen, wenn meine Grenzen überschritten werden oder ich das Gefühl habe, dass dies passiert. Doch ich sollte im Einzelfall sehr vorsichtig mit meinen Rückschlüssen sein und mit dem, was ich über diese Person sage.

Leider blühen in unserer Gesellschaft Vorurteile und gegenseitige Unterstellungen. In der Politik werden sie uns vorgeführt und gehören fast zum guten Ton, und auch in unseren christlichen Gemeinden bleiben wir davon nicht verschont. Im Gegenteil: Hier haben wir die zusätzliche Möglichkeit, eine höhere Instanz zu Hilfe zu holen, um den anderen moralisch zu diskreditieren.

Dabei ist es gar nicht mal als Affront gegen den anderen gemeint, sondern liegt, wie im Kapitel »Anstrengende Überverantwortung« erläutert, oft in unserer Angst begründet. Auch das kennen wir sicher alle irgendwie: Ich baue mich selbst auf, indem ich mich mit jemandem vergleiche, der schlechter abschneidet. Ich mache oder kann es besser, das erhöht meinen eigenen Wert. Dieses verheerende Kreuz mit dem Vergleichen zerstört unsere Kreativität. Ein Mitarbeiter sagte mir einmal: »Immer wenn ich jemanden vorne sehe, der etwas moderiert oder referiert, frage ich mich, ob ich es auch so machen würde oder ob ich es sogar besser kann.« Ich finde es mutig und ehrlich, das so unverblümt auszusprechen. Ich kenne diese Gefahr, alles in Beziehung zu mir selbst zu setzen, in einem Zustand des ständigen Vergleichens zu leben, allzu gut. Diese Haltung hat sich lange Zeit durch mein Leben gezogen.

Und wieder sind wir bei dem anstrengenden Leben, dem Leben auf der Rennbahn, nicht in uns selbst zu Hause, stattdessen innerlich verkrümmt, Ausschau haltend nach Anerkennung und Lob. Das ist verständlich, aber auch ein Zustand, unter dem wir leiden und der uns das Leben schwer macht.

Hier hilft nicht das christliche Gebot der Nächstenliebe. Es reicht schlicht nicht aus, wenn wir versuchen, uns anders zu verhalten. Im Gegenteil: Auf diese Weise bemühen wir uns krampfhaft, erleiden Schiffbruch und sind frustriert. Das wiederum fördert einerseits die Wut gegen uns selbst und andererseits ein heuchlerisches Leben. Wir tun so, als ob. Auch hier geht es um den inneren Raum, das Angenommensein, das geborgene und geschützte Ich, das dieses Vergleichen mit der Zeit immer überflüssiger macht. Auf dieser Grundlage kann eine neue Haltung eingeübt werden. Und das braucht Zeit.

Fragen:

- Erlaube ich es mir, Grenzen zu setzen?
- Woran erkenne ich, dass ein anderer meine Grenze überschreitet?
- Wann nehme ich es wahr?
- Wann überschreite ich die Grenze(n) eines anderen? Was könnte ich stattdessen tun?

Alle Zeit der Welt?

Vor Kurzem hielt ich ein Referat bei einem Frühstückstreffen für Frauen in einer Evangelisch-freikirchlichen Gemeinde. Es ging unter anderem auch um meine Geschichte, die ich in meinem ersten Buch erzählt habe.

Nach dem Referat kommt eine alte Frau zu mir. Sie sagt nur ein paar spärliche Sätze über ihre Kindheit und ihr späteres Leben. Doch diese Sätze reichen aus, um zu erahnen, was sie in ihrem Leben durchgemacht hat. Dann sagt sie mir mit strahlenden Augen: »Ich bin nun schon 82 Jahre alt und habe jetzt erst eine Therapie angefangen. Ich bin sehr froh darüber. Und stellen Sie sich vor, Gott hat mir eine Freundin geschenkt, mit der ich mich austauschen kann. Die ist schon 90, und wir verstehen uns prächtig.« Ich bin perplex und bewundere diese Frau. Sich seinem Leben zu stellen, ist wirklich keine Frage des Alters!

Der alte Satz »Was Hänschen nicht lernt, lernt Hans nimmermehr« ist falsch, das wissen wir heute. Das Gehirn bleibt bis zum Lebensende erneuerungsfähig. Es ist wie bei festgetretenen Spuren im Schnee. Sie können verändert werden, indem neue Spuren gelegt werden, indem wir einen neuen Weg einschlagen, der wiederum durch wiederholtes Begehen festgetreten wird.

Wie sagte mir einmal eine andere über neunzigjährige Frau? »Ich reagiere manchmal so eingeschnappt, wenn mir Leute etwas sagen. Das möchte ich auch noch lernen zu ändern!« Warum nicht? Es ist noch nicht zu spät. Dabei ist es nicht so, dass diese Frau ständig aneckt, sie ist allgemein sehr beliebt, auch mein Mann und ich lieben sie. Wie sehr werden wir durch sie beschenkt und ermutigt! Und doch ist auch sie mit ihren 91 Jahren immer noch auf dem Weg, so wie wir alle. Wir müssen nicht warten, bis wir unser Leben in den Griff bekommen, um anderen helfen oder etwas weitergeben zu können. Das werden wir ohnehin nicht erreichen. Vermutlich wäre es nicht mal erstrebenswert. Wir durchlaufen verschiedene Phasen unseres Lebens, und in jeder Phase haben wir auch etwas zu geben, unfertig, voller Irrtümer. Wir dürfen also aufatmen und durchatmen und ganz in der Gegenwart leben.

1995 hatte ich ein besonderes Erlebnis, das meine Gottesbeziehung radikal veränderte und einen wesentlichen Grundstein für den Weg aus meinem Käfig der Angst in die Freiheit legte.

In diesem Jahr befinde ich mich in einer gewöhnungsbedürftigen Veranstaltung eines charismatischen Kongresses in Bern. Manches stößt mich ab, anderes fasziniert mich, vor allem das ganzheitliche Erleben im Gottesdienst: Gott loben und anbeten mit allen Sinnen, lachen, weinen, singen, tanzen oder schweigen. In einer dieser langen Anbetungszeiten stehe ich mit geschlossenen Augen da, singe nicht mehr mit, sondern bin einfach auf Empfang eingestellt. Plötzlich spüre ich tief in mir die Liebe Gottes, wie ich es vorher nie erlebt habe. Ich bin einfach nur geliebt, nichts davor und nichts dahinter, keine Erwartungen, keine Forderungen an mich. Diese Liebe ist so umwerfend und so allumfassend, dass alles dahinter verschwindet.

Von da an verändert sich etwas Grundlegendes. Ich gehe nie mehr hinter dieses Erlebnis zurück. Trotzdem ahne ich damals noch nichts von dem, was in meinem Leben an Schmerz und Verletzungen tief vergraben ist. Ich will noch nichts wahrhaben von einem Missbrauch durch meinen Vater, von der nur scheinbar heilen Familie, an die ich zu jener Zeit noch glaube. Das kommt erst viel später.

Nicht lange nach diesem Erlebnis befinde ich mich als Mitarbeiterin auf einer Wochenendfreizeit für Frauen. Eine junge Frau erzählt mir dort von ihrer Sehnsucht nach Gott. Lisa ist ebenfalls in einem christlichen Kontext groß geworden und hat schon manches von ihrer engen christlichen Erziehung abgelegt. Aber sie wünscht sich einen tiefen und vor allem fröhlichen Glauben. Ich erzähle ihr von meinem Schweizer Erlebnis und lade sie ein, Gott darum zu bitten, dass sie diese göttliche Liebe tief in ihrem Innern spüren kann. Dies tue ich allerdings nicht ohne die Angst, dass es bei ihr möglicherweise nicht »wirken« könnte. Mache ich es hier nicht genauso wie bei Maria, die wir trotz ihres spürbaren Widerstandes mehr oder weniger überredet haben? Nein, denn Lisa möchte diesen Schritt gehen. Sie hat nichts zu verlieren, deshalb spricht sie in einem einfachen, kindlichen Gebet ihre Sehnsucht aus, bittet Gott, genau dort hineinzukommen. Anschließend schaut sie mich etwas enttäuscht an und sagt: »Ich spüre nichts.«

Mir kommen erhebliche Zweifel. War das alles nicht sehr naiv von mir? Schließlich lassen sich persönliche, sehr individuelle Erlebnisse nicht einfach auf andere Menschen und Situationen übertragen. Doch am nächsten Morgen kommt Lisa nach der Veranstaltung strahlend auf mich zu. »Es ist so, als hätte ich zum ersten Mal wirklich kapiert, was es heißt, von Gott geliebt zu sein«, berichtet sie mit leuchtenden Augen.

Hin und wieder begegnen wir uns noch und tauschen uns darüber aus, wie es uns gerade geht. Bei jedem Treffen erzählt Lisa mir, wie sehr dieses Gebet ihr Leben verändert hat, doch irgendwann bricht der Kontakt leider ab.

Bei mir folgt eine Zeit der Konfrontation mit meiner Vergangenheit, eine Zeit der Schwere, der Trauer, der Wut, auch auf einen Gott, der zugeschaut hat, wie ein kleines Kind, dem Erwachsenen ausgeliefert, sexuell missbraucht wird, wie all das gut getarnt hinter äußerer Frömmigkeit von Christen verschwiegen wurde. Aber auch eine Zeit der inneren Heilung und Aufarbeitung, der Entdeckung einer neuen Weite bricht an.

Immer mal wieder taucht dabei der Gedanke an Lisa auf, vor allem jetzt, während ich dieses Buch schreibe. Wie es ihr wohl gehen mag? Hat dieses Gotteserlebnis von damals immer noch Bestand? Zugleich lächle ich ein wenig über meine Naivität zu jener Zeit. Nein, das hat nicht gereicht. »So einfach, wie du damals das Leben gesehen hast, ist es nicht«, sage ich mir. Es kommt sogar das Gefühl: »Es war falsch, ihr diesen Rat zu geben.«

Daher haut es mich förmlich um, als Lisa sich plötzlich telefonisch bei mir meldet. Sie sagt, dass sie in letzter Zeit oft an mich gedacht hat und wieder Kontakt aufnehmen möchte. Dann erzählt sie mir, dass sie Seelsorge und auch professionelle Hilfe in Anspruch genommen hat, dass sie gerade dabei ist, Zusammenhänge aus ihrer Vergangenheit zu erkennen und zu bearbeiten. Nun, nach all der Zeit, ist sie bereit, wirklich hinzuschauen, meint sie. Unser Gebet von damals ist für sie ein wichtiger Baustein gewesen, es hat die Basis dafür geschaffen.

Ich freue mich riesig und lerne wieder einmal: Es sind viele kleine Puzzlesteine, die uns helfen und die uns heil werden lassen. Es geschieht durch Begegnungen mit Menschen am richtigen Ort und zur richtigen Zeit. Wir können es nicht erzwingen, unseren Weg nicht verkürzen. Wir können nur die Spur unserer Sehnsucht aufnehmen und uns auf den Weg machen.

Wenn Sie, liebe Leserin, lieber Leser, Sehnsucht in sich spüren nach Sinn, Geborgenheit, nach Lebendigkeit, schätzen Sie sich glücklich und feiern Sie Ihre Sehnsucht. Sie ist der Boden, auf dem Neues wachsen kann. Ich möchte Ihnen Mut machen, Ihre Sehnsucht nicht mit Aktivitäten zuzudecken, sondern ihr nachzuspüren, indem Sie Ihre Gefühle wahr- und ernst nehmen. Tauschen Sie sich mit Menschen aus, denen Sie vertrauen, oder suchen Sie sich, wenn nötig, Hilfe.

Hierzu passt ein nächtlicher Traum, den ich Ende der Neunzigerjahre hatte, und den ich erst jetzt verstehe und einordnen kann:

Ich gehe durch einen langen, dunklen Tunnel. Es ist kalt und unheimlich. Aber ich habe keine Angst, weil Jesus mich an der Hand hält. Ich spüre im Traum seine Nähe und Stärke. Schließlich erreichen wir das Ende des Tunnels und betreten einen wunderschönen, sonnendurchfluteten Park. Dort stehen blühende Obstbäume. Es ist ein Ort, an dem ich mich sicher fühle. Ich lasse die Hand meines Begleiters los und tanze durch diesen Garten. Jesus schaut mir zu und tanzt mit mir. Wir lachen begeistert und freuen uns. Doch dann führt er mich sanft und vorsichtig zurück zu dem Tunnel, der mir nun von außen wie ein großer, dunkler Berg erscheint. Wir wenden uns diesem Tunnel also noch einmal zu, aber diesmal von außen. Ich habe keine Angst, sondern das Gefühl, dass dies nötig und wichtig ist. Damals habe ich diesen Traum nicht verstanden. Ich wusste nicht, was es bedeuten könnte, sich wieder dem dunklen Tunnel zuzuwenden. Im Nachhinein aber, nach dem Weg, den ich gegangen bin, verstehe ich es.

Diese Erlebnisse und der Traum machen deutlich, dass es eine Basis, einen geschützten Raum braucht, um wirklich hinzuschauen, so wie es auch bei Andreas war, der seinen inneren Raum gestaltet hat. Habe ich Zugang zu diesem Raum in mir, zu dem Inneren Kind, ist dieses Kind nicht mehr ungeschützt und hilflos ausgeliefert, kann ich es auch wagen, das Dunkle, Bedrohliche anzuschauen.

Das geschieht, wenn nötig, durch professionelle Hilfe, durch positive Begegnungen, durch Menschen, die uns beistehen und Mut machen, durch Stärkung meines Erwachsenen-Ichs, durch den Glauben und möglicherweise durch eine Gottesbegegnung.

Fragen:

- Welche Schritte der Veränderung bin ich schon gegangen? Kann ich das würdigen? Wer oder was hat mir dabei geholfen?
- Welcher (kleine) Schritt könnte der nächste sein?

Die Freiheit, sich zuzumuten

Wenn ich mir meiner selbst sicher bin, kann ich mich auch mit meinen Begrenzungen zeigen. Ich darf es lernen, mich anderen zuzumuten. Ich darf dem Wildpferd folgen wie Andreas.

Kommen wir noch einmal zu dem Pferd auf der Wiese vom Anfang zurück. Es darf sich mit seinen noch ungelenken Bewegungen zeigen und mutet sich dem Zuschauer zu. Anne, von der ich Ihnen erzählt habe, mutet sich nach einer schweren Operation mit ihren noch holprigen Tanzbewegungen anderen zu. Wenn wir es nicht tun, uns anderen in unserer Unvollkommenheit zu zeigen, wenn wir es nicht wagen, dann schneiden wir uns selbst vom Leben ab, sind weiterhin auf der Rennbahn unterwegs oder verstecken uns im Käfig, um nicht anzuecken, sondern stattdessen allen zu gefallen und Applaus zu ernten.

Wenn ich nicht gut drauf und deshalb nicht gesellschaftsfähig bin, bleibe ich lieber zu Hause, denn ich will mich so, wie ich gerade bin, den anderen nicht zumuten. »So nerve ich doch nur und mache möglicherweise den anderen alles kaputt.« Kennen Sie diesen Gedanken?

Mit meiner Freundin, die in Frankreich aufgewachsen ist, fahre ich eine Woche nach Paris. »Was möchtest du sehen?«, fragt sie mich. »Am liebsten das, was nicht unbedingt Touristenhochburg ist«, antworte ich. Wir haben zwei Tage, nicht viel, um eine solche Stadt zu erkunden. Doch meine Freundin entwickelt großen Ehrgeiz, diese Zeit zu füllen und mir einen bestmöglichen Eindruck zu verschaffen, und das, obwohl sie selbst erkältet ist. Bis spät in die Nacht sind wir unterwegs, laufen viele Kilometer. Irgendwann macht sich mein Hüftgelenk bemerkbar, das Gehen fällt mir zunehmend schwer. Trotzdem möchte ich nicht aufgeben, möchte alles aus dem Wochenende herausholen, was eben geht. Natürlich merkt meine Freundin mit der Zeit, dass ich schwerfälliger unterwegs bin. Sie fragt nach, doch ich behaupte, alles sei in Ordnung, ich hätte nur etwas Schmerzen, nicht der Rede wert. Das entspricht einerseits ganz und gar der Wahrheit, ich möchte diese kurze Zeit bis zum letzten Drücker ausnutzen. Andererseits spielt da aber noch ein weiteres Gefühl mit: Ich habe Angst, ihr mit meinem »Humpeln« die Freude zu verderben. Schließlich spüre ich ja, wie viel Spaß sie daran hat, mir »ihre« Stadt zu zeigen, obwohl sie mit einer heftigen Erkältung kämpft. Sie dagegen quält sich mit einem schlechten Gewissen herum, weil sie mich trotz meiner körperlichen Probleme weiter durch die Stadt jagt. Als wir später müde und erschöpft in der U-Bahn sitzen, sprechen wir unsere Empfindungen aus und müssen beide herzhaft lachen. Es ist doch verrückt: da kennen und mögen wir uns und haben trotzdem Bedenken, uns einander einfach mit unseren augenblicklichen Handicaps zuzumuten.

Das passiert viel öfter, als wir denken. Ich erlebe es manches Mal in Gruppen, sowohl bei mir selbst als auch bei anderen. Falls wir nicht einfach zu Hause bleiben, tauchen wir in der Gruppe ab oder setzen ein Schönwettergesicht auf, obwohl es uns schlecht geht. Ich bewundere Menschen, die sich einfach ohne Schminke zeigen, die sich damit den Blicken und auch den Urteilen anderer aussetzen. So war es bei einer alten Frau, von der ich erzählen möchte.

Eine Heldin des Alltags

Es ist ein sonniger warmer Tag. Ich habe frei und genieße ihn mit meinem Hund Itthai. Nach einer ausgedehnten Wanderung durch den Wald des Bergischen Landes sitze ich in einer gemütlichen kleinen Konditorei und trinke einen Cappuccino. Von meinem Platz aus kann ich das Lokal überblicken, beobachte die Menschen, die so herrlich unterschiedlich sind. Leute kommen und gehen, kaufen Brot oder Kuchen oder lassen sich an den Tischen nieder, um Kaffee zu trinken. Die kleinen Bistrotische um mich herum sind fast alle belegt.

Plötzlich kommt eine alte Frau herein. Jemand öffnet ihr die Tür, denn sie ist mit einem Rollator unterwegs. Sie scheint in der Bäckerei bekannt zu sein, denn man grüßt sie mit Namen. Kurz nennt sie an der Theke ihre Bestellung, dann kämpft sie sich mühsam – es ist sehr eng – zu dem einzigen noch freien Tisch. Dort stellt sie ihren Rollator ab, zieht sich in Zeitlupe den Mantel aus und hängt ihn über den Stuhl. Mit Erstaunen sehe ich, dass sie sich nun wieder auf den Weg macht, dieses Mal ohne ihren Rollator. Sie nimmt den weiten Weg zur Toilette in Angriff. Da diese im Untergeschoss liegt, hat sie tatsächlich eine lange Strecke zurückzulegen. Weil sie sehr unsicher auf den Beinen ist, hält sich die alte Dame an allen möglichen Möbeln und Gegenständen fest, die an ihrem Weg stehen. »Wie will sie es die lange, steile Treppe hinunterschaffen?«, frage ich mich. Kurz überlege ich, ob ich ihr meine Hilfe anbieten soll, doch irgendetwas hält mich zurück. Vielleicht ist es die Entschlossenheit, die sie ausstrahlt? Es wirkt so, als wolle sie keine Hilfe, nein, als brauche sie keine. Das ganze Unternehmen wirkt irgendwie routiniert. Außerdem kennt man sie hier ganz offensichtlich. Niemand scheint beunruhigt zu sein.

Endlich hat die Frau die Treppe erreicht und verschwindet Stufe für Stufe aus meinem Blickfeld. Lange Zeit vergeht. Fast habe ich die Frau vergessen. Da sehe ich sie wieder. Sie hangelt sich den ganzen weiten Weg zurück zu ihrem Platz. Eine Verkäuferin bringt ihr ein Tablett mit Kaffee und Brötchen. Sichtlich erschöpft lässt sich die Frau an dem Tisch nieder. Unsere Blicke treffen sich kurz. Ein müdes, aber freundliches Lächeln kommt mir entgegen.

»Was für eine Heldin des Alltags!«, denke ich. Wie anstrengend diese kleinsten, für andere so selbstverständlichen Dinge werden können. Trotzdem verkriecht sich diese alte Dame nicht in ihrer Wohnung, lamentiert nicht, sondern genießt ihr Leben, schafft sich schöne Momente in einem Café und mutet sich den Blicken der anderen zu. Sie zeigt sich in ihrer Begrenztheit, mit ihrem unsicheren, schwankenden Gang, der zeitraubenden Fortbewegung. Die alte Frau fasziniert mich. Ich nehme wahr, wie sehr sie das Frühstück genießt. Als ich mit Itthai an ihrem Tisch vorbeikomme, schaut sie erst ihn an, dann mich und lächelt. »Ein lieber Hund«, sagt sie.

Ja, es gibt sie, diese Begegnungen, die mir Respekt abverlangen. Menschen, die täglich große Leistungen vollbringen. Diese Menschen, für die normale Alltagsbewältigung eine wahre Herausforderung darstellt. Aber sie stellen sich dem Alltag und nehmen am Leben teil.

Sich zuzumuten hat etwas mit sich zeigen zu tun. Sich zeigen, wie man ist, mit seinen Schwächen und Einschränkungen, mit seinen Gefühlen, mit seinen Zweifeln.

Warum fällt uns das so schwer? Was haben wir zu verlieren? Vielleicht, dass wir nicht mehr als die Starken, als die Alleskönner gesehen werden? Wäre es so schlimm, wenn man die Nase über uns rümpft?

Was, wenn gerade diese Frau durch das Bild, das sie abgibt, anderen Mut macht? Es könnte aber auch ganz anders sein. Manche Menschen mit Behinderungen – ob durch Geburt oder Unfall, krankheits- oder altersbedingt – meiden die Öffentlichkeit, weil sie sich vor Mitleid fürchten, weil andere zu schnell ihre Hilfe anbieten wollen, möglicherweise auch aus Pflichtgefühl.

In dieser Konditorei hat die Frau einen guten, sicheren Raum, in dem sie sich bewegen kann, in dem man sie nimmt und wertschätzt, wie sie eben ist, und ihr die Zeit zugesteht, die sie braucht, ohne ihr helfen zu wollen, wo sie es nicht benötigt. Ein wunderbares, großes Geschenk!

Daraus ergibt sich zweierlei: einerseits, sich zuzumuten, und andererseits, den Raum dafür zu finden, den Ort, wo ich das kann und darf, ohne gleich Hilfe und Ratschläge zu bekommen.

Doch diesen Ort haben wir nicht immer und auch diese Frau muss in Kauf nehmen, dass manche Leute sich ihren Teil denken, ihre eigenen Schlüsse ziehen, sie komisch ansehen. Vielleicht denken sie: »Warum tut die Frau sich das noch an?«, oder sogar: »So etwas ist eine Zumutung!« Manchmal geben Menschen sogar böse und verletzende Kommentare ab, wie wir es in der Geschichte von Anne gesehen haben, und nicht immer geschieht das aus der Ferne, sodass der Betroffene es nicht hört.

Mit anderen Worten: Wenn wir uns zeigen, besteht immer die Gefahr, dass andere ihr Urteil fällen. Sie tun dies, ohne ihr Urteil zu hinterfragen, ohne zu verstehen und die Situation zu kennen. Das passiert immer und überall und wir müssen es in Kauf nehmen, denn wir können uns nicht allen erklären. Es ist der Preis eines freien Lebens, eines Ichs, das sich zeigt, so wie es ist.

Nicht immer liegt die Fehleinschätzung an Kritiksucht oder Ähnlichem. Wenn man sich beispielsweise nicht an gängige Höflichkeitsformen hält, hinterlässt das Fragen beim Gegenüber. Das erlebe ich selbst immer wieder.

Im Kleinkindalter habe ich mir beide Hände verbrannt, als ich mich an einem glühend heißen Kohleofen hochzog. Zwei Operationen musste ich deshalb über mich ergehen lassen und die Verbrennungen dritten Grades haben bis heute schlimme Narben hinterlassen. Damit lebe ich nun seit mehr als sechzig Jahren und sie haben mich bis jetzt nicht gestört. Was mich inzwischen beeinträchtigt, sind jedoch die Verkürzungen der Sehnen der Handinnenflächen. Diese Kontrakturen sind erst in den letzten zwei Jahren aufgetreten und inzwischen ist der kleine Finger meiner rechten Hand stark verkrümmt. Wenn ich Menschen die Hand gebe, merken sie das. Immer wieder gibt es Leute, die nachfragen. Das sind dann solche, die mich gut kennen, oder solche, die immer schon etwas direkter waren und weniger Hemmungen haben. Ich spüre, dass mir das unangenehm ist. Am liebsten würde ich es ganz vermeiden, die Hand zu geben, aber das gehört nun mal zu unserem höflich korrekten Begrüßungszeremoniell. Doch ich habe eine Lösung gefunden: Ich reiche meine Hand nur noch oberflächlich. Der Handschlag ist damit flach und seicht, eben das, wovon mir mein Vater immer eingebläut hat, dass man es nicht tut. Ein fester Händedruck war für ihn Ausdruck der Höflichkeit und der guten Sitte und damit ein Muss – und nicht nur für ihn. Da stecke ich nun in einem Dilemma. Die Hand auf diese Weise zu geben, schützt mich vor unangenehmen Fragen, aber für manche Menschen ist das ungewohnt. Ich kann den Grund meines laschen Händedrucks nicht allen erklären. Mein Gegenüber wird sich wundern, nachfragen oder einfach seine Schlüsse ziehen – das nehme ich in Kauf.

So ist das eben mit unseren Narben. Sie sind auch nach einem Heilungsweg nicht einfach weg, sie sind oft sichtbar oder spürbar für die anderen. Und doch lohnt es sich, uns mit diesen Narben zu zeigen, auch mit unseren psychischen Narben. Denn auch sie können wir nicht verstecken, ohne unaufrichtig zu sein und ohne uns zu verschließen. Ich meine damit keineswegs, dass wir unser Innerstes wie ein Aushängeschild vor uns hertragen sollen. Es gilt nach wie vor, unseren inneren Raum zu schützen. Aber wenn sich unsere Wunden zeigen, wenn sich das Innere Kind zeigt, dann zeigt es sich eben. Das kann eine Begegnung vertiefen und bereichern so wie im folgenden Fall.

Eine neue Ebene der Begegnung

Heute ist ein besonderer und aufregender Abend für mich. Während einer fortlaufenden Reihe meines Seminars »Wenn Helfer hilflos werden« hat sich eine Reporterin angemeldet, die über das Seminar berichten möchte. »Ich werde am Anfang eine kurze Zeit dabei sein, um zu sehen, wie Sie arbeiten«, teilt sie mir mit.

Es ist nicht der erste Abend dieser Reihe, und so hat die Gruppe bereits eine gewisse Aufwärm- und Kennenlernphase hinter sich gebracht. Heute ist nun die Reporterin dabei. Wir machen uns bekannt und ich stelle ihr kurz die Inhalte des Seminars vor. Dann lade ich sie ein, nicht nur unbeteiligt, am Rand zu beobachten, was übrigens auch der Gruppe nicht guttun würde, sondern mit ins Thema einzusteigen, also für eine kurze Phase Teilnehmerin der Gruppe zu sein. Das würde ihr einen besseren Eindruck vermitteln. Sie lässt sich darauf ein und bekommt meine Hochachtung, denn ich finde das mutig und durchaus nicht selbstverständlich.

Wir machen eine Interaktion zum Thema »Grenzen«, die uns ins Erleben bringen soll. Anschließend tauschen wir uns über die Erfahrungen und die damit verbundenen Gefühle aus. Die Einzelnen berichten lebhaft von ihren sehr persönlichen Empfindungen während dieser Erlebniseinheit. Ich frage die Reporterin: »Wie haben Sie es erlebt?« Sie scheint sehr berührt und aufgewühlt zu sein und berichtet von ihrem Empfinden während dieser Einheit. Dabei wird ihr Gesicht zunehmend röter. Ich nehme ihre Unsicherheit wahr. Wir schauen uns an und sind uns in diesem Moment unglaublich nah. Unsere Blicke treffen sich in gegenseitigem Verständnis.

Was ist hier passiert? Da ist eine Journalistin mit einer festen Rolle und einem klaren Auftrag. Und da bin ich, die Dozentin des Seminars, ebenfalls mit einer festen Rolle und einem klaren Auftrag. Doch wir begegnen uns in diesem Augenblick auf einer anderen Ebene, außerhalb unserer Rollen und unseres Auftrags. Wir treffen uns in unserer Verletzlichkeit und Unsicherheit. Diese Begegnung hat eine unglaubliche Tiefe und Intensität. Das kann man nicht machen, das ereignet sich einfach.

Im anschließenden Zeitungsartikel schlägt sich das nieder. Ein nicht beteiligter Leser meinte: »Dieser Artikel schillert geradezu und atmet Berührung und Betroffenheit.«

Nicht immer läuft es so ab. Manchmal sehen wir Menschen und sie machen uns Angst. Wir misstrauen ihnen, obwohl wir noch kein Wort mit ihnen gesprochen haben, und öffnen die vermeintlich passende Schublade. Die betreffende Person verschwindet darin und hat meistens keine Chance, sich daraus zu befreien. Selbstverständlich gibt es sympathische und unsympathische Menschen. Ich kann und muss nicht mit allen gut Freund sein. Und doch lohnt es sich, hinzuschauen, wenn mir jemand von Anfang an unsympathisch ist. Erinnert mich diese Person an jemanden, übertrage ich ein altes Bild auf sie, das gar nicht zu ihr gehört?

Solche Gefühle auszusprechen, kann, wenn es in die Situation passt, hilfreich, heilend und bereichernd sein. Ich erlebte dies einmal in der Begegnung mit einer Pfarrerin, die mir anfangs nicht sehr sympathisch war.

Eine neue Qualität der Beziehung

Während unserer Krefelder Zeit werde ich zu einem sogenannten Theologinnenkonvent eingeladen. Dort treffen sich regelmäßig evangelische Theologinnen aus Krefeld und der Umgebung.

Einerseits fühle ich mich durch diese Einladung geehrt, andererseits etwas beklommen. Ich, mit meiner theologischen Schmalspurausbildung unter diesen Vollblut-Theologinnen, von denen die meisten eine Pfarrstelle innehaben?

Als ich das erste Mal dabei bin, denke ich: »Was soll ich hier?« Ich bin eine der Ersten und suche mir einen Stuhl unter den vielen freien Plätzen am Tisch. Nach und nach kommen die anderen Frauen in den Raum. Alle kennen sich, plaudern und lachen miteinander. Auch wenn sie mich freundlich begrüßen, fühle ich mich fremd in diesem Kreis. Während der offiziellen Begrüßung, in der jede kurz über sich berichtet – in diesem Kontext eine echte Herausforderung für mich –, kommt eine Pfarrerin hereingestürmt, eine große Frau mit langen, wuscheligen Haaren. Sie sprüht geradezu vor Temperament und schildert in blumiger Sprache und lebhaften Gesten den Grund für ihr Zuspätkommen. Ich merke, wie ich auf meinem Stuhl förmlich zusammenschrumpfe. Meine Angst vor starken Frauen – früher in Gestalt meiner Oma, vor der ich immer gekuscht habe – bricht wieder durch und in mir entsteht der Satz: Nimm dich vor der in Acht! Deshalb halte ich in der nächsten Zeit Abstand von ihr.

Einige Monate später biete ich ein tanztherapeutisches Seminar im Haus des evangelischen Frauenreferates an. Am Eingang dieses Hauses gibt es eine Alarmanlage, in deren Funktion ich akribisch eingeweiht werde. An einem der Abende verlasse ich das Gebäude ziemlich spät. Ich bin erschöpft und will nur noch nach Hause, denn es war ein anstrengender Abend. Noch eben schnell die Alarmanlage aktivieren und dann ab ins Auto. Doch genau daran scheitert mein Vorhaben. Die Alarmanlage will nicht so, wie ich es will. Ich bekomme sie einfach nicht scharf gestellt. Was soll ich tun? Ich habe keine Telefonnummer zur Verfügung, wo ich anrufen könnte. Immer wieder versuche ich, die Alarmanlage zu aktivieren, in der Hoffnung, das streikende Ding könnte sich noch eines Besseren besinnen. Doch nichts passiert.

Inzwischen ist es fast 23 Uhr. Da fällt mir ein, dass die besagte Pfarrerin, der ich bisher aus dem Weg gegangen bin, irgendwo hier in der Nähe wohnt. Wir haben uns einmal bei ihr zu Hause mit einer Gruppe getroffen. Ich gehe in diese Richtung, glaube, das Haus wiederzuerkennen und betätige einen Klingelknopf, bei dem ich den Namen in der Dunkelheit nur erahnen kann. »Was mache ich hier?«, denke ich. »Ich besuche zu nachtschlafender Zeit eine Frau, die ich nicht besonders mag, besser gesagt, vor der ich mich fürchte!«

Im Treppenhaus wird es hell, der Türsummer erklingt. Als ich in den Flur trete, steht oben auf der Treppe die Pfarrerin, schaut mich an und ruft: »Ach, Frau Ochs, das ist ja eine Überraschung.« Ihre Reaktion auf meinen späten Besuch überrascht mich und amüsiert mich zugleich. Sie bittet mich in ihre Wohnung. Dort sitzt ihr Lebensgefährte, der mir sofort freundlich aus der halb geleerten Flasche ein Glas Wein anbietet. Ich erkläre meine Notlage, die Pfarrerin sucht schnell eine Telefonnummer heraus und übernimmt auch gleich den Anruf. Schon bald ist die Situation geklärt, die Alarmanlage scharf gestellt.

Das alles hat mich sehr berührt. Diesen nächtlichen oder zumindest spät abendlichen Besuch und die freundliche, unkomplizierte Begrüßung werde ich nie vergessen. Manchmal braucht es eine Portion Verzweiflung, um jemanden, den man eigentlich meiden möchte, um Hilfe zu bitten.

Doch diese Geschichte geht noch weiter. Die Pfarrerin plant einen tänzerischen Abend mit einigen Frauen in ihrer Kirchengemeinde und möchte von mir ein paar Ratschläge. Also treffen wir uns bei ihr im Gemeindehaus. Es wird ein offenes, richtig gutes Gespräch.

Der Boden zwischen uns ist fest und sicher. Deshalb bekomme ich den Mut, ihr etwas zu sagen. »Weißt du – inzwischen duzen wir uns –, dass ich am Anfang Angst vor dir hatte? Du warst mir einfach zu stark und dominant«, erkläre ich ihr. Sie hört aufmerksam zu und lacht. »Das ist ja komisch«, sagt sie. »Ich hatte auch Angst vor dir, vor deiner Zartheit und Zerbrechlichkeit.« Diese Angst war ebenso wie bei mir ein Relikt aus alter Zeit. Sie, die Starke und Temperamentvolle, wurde häufig ermahnt und kritisiert wegen ihrer ungestümen und robusten Art. Als »Kölsch Mädsche«, mit vier

Brüdern war sie das Leisetreten nicht gewohnt. »Aber tatsächlich hatte mein überdrehtes Verhalten eher etwas mit Unsicherheit zu tun. Da bin ich heute anders – meine ich zumindest«, sagt sie. Doch die Angst, Menschen mit ihrer impulsiven Art zu »überfahren«, sitzt ihr heute noch in den Knochen.

Seit diesem offenen und ehrlichen Gespräch hat sich unsere Beziehung, die zunächst aus gegenseitigem Misstrauen und der Angst, etwas falsch zu machen, bestand, völlig verändert. Wir haben unsere verängstigten »Kinder« nicht im Käfig zurückgelassen, sondern ihnen erlaubt, Teil unserer Beziehung zu sein.

Wie schön wäre es, wenn wir Räume schaffen würden, in denen Menschen den Mut haben, sich zu zeigen, wie sie sind, mit ihren Wunden und Narben. Räume, in denen das Ideal nicht das Makellose, sondern die Echtheit und Natürlichkeit wären. Gruppen, in denen wir nicht einer Norm entsprechen müssten, sondern in Respekt voreinander die anderen stehen ließen. Wir würden uns selbst und den anderen sogar das Recht eingestehen, zu scheitern und uns mit unseren Pleiten zu zeigen.

Manchmal habe ich in meinen Tanzworkshops die Leute eingeladen, nicht nur ihre Erfolge, sondern auch ihre Misserfolge zu tanzen und zu feiern. Ich sehe noch einen Mann vor mir, dem daraufhin die Tränen kamen. Sich nicht nur Fehler zu erlauben und sie offen zugeben zu dürfen, sondern auch noch zu feiern? Die Erlaubnis dazu war ein solcher Befreiungsschlag für ihn, dass es ihn total aufwühlte.

Fragen:

- Was möchte ich anderen Menschen unter keinen Umständen von mir zeigen?
- Wenn ich es zeigen würde, was könnte dann im schlimmsten Fall passieren?
- Was könnte im günstigsten Fall passieren? Könnte es mir sogar Erleichterung bringen?

Die Freiheit, sich zu gestatten

Es gibt ein bemerkenswertes Buch zum Thema Scheitern und Neu-anfang: »Zurück auf Start – Mein Leben nach der Insolvenz« von Anne Koark, einer in München lebenden Engländerin. Sie ist die Ex-Inhaberin des Unternehmens »Trust in Business«, das 2003 Privatinsolvenz anmelden muss. Anne Koark erlebt eine unglaub-lich harte Zeit. Als Mutter von zwei Kindern ist sie erst seit 2009 wieder frei, Geld zu verdienen. In ihrem Buch erzählt sie nicht nur, wie es zur Insolvenz kam und über die Folgen dieser Erfah-rung, sondern berichtet auch von der vorherrschenden Haltung in der Gesellschaft gegenüber dem Scheitern generell. Da wird nicht gefragt nach anteiligem Selbst- oder Fremdverschulden, nach Fehl-kalkulation mit besten Absichten und im guten Glauben. Oft genug werden Gescheiterte, die schon am Boden liegen, noch mit Dreck beworfen. Man fällt Urteile über sie. Doch Anne Koark ist zäh. Sie lässt sich nicht unterkriegen. Wie geschieht das? Indem sie zu ihrem Gescheitertsein steht, nicht mit ihren Pleiten hinterm Berg hält oder andere verantwortlich macht, sondern sich selbst mit ihrer Geschichte der Öffentlichkeit präsentiert. Sie wird sogar zu unzäh-ligen Vorträgen an Orte und in Gremien eingeladen, von denen sie es sich niemals erträumt hätte. Warum? Weil sie anderen Menschen Mut macht, ehrlich zu sein, und indem sie zeigt: Es gibt einen Weg heraus, einen Weg zurück ins Leben. Vielleicht ist das Leben, das sie jetzt führt, sogar noch lebenswerter als vorher? Wahrscheinlich will sie die Erfahrung im Nachhinein gar nicht mehr missen. »Krisen sind Chancen«, das sagen wir immer so leicht daher. Hier zeigt sich eine Frau, die es durchbuchstabieren musste. Und so kann sie am Ende sagen: »Ich denke, dass Erfolg das ist, was wir aus unseren Erfahrungen lernen.«[32]

Dabei zieht sie eine Schlussfolgerung im Blick auf unsere Gesell-schaft, die ich für bedenkenswert erachte und die bestens zum The-ma dieses Buches passt: »Vielleicht finden wir unseren Wert nicht in der Leistung, nicht in Äußerlichkeiten, nicht im Erfolg, sondern einfach in uns selber, und damit wird alles einfacher. Vielleicht wäre es an der Zeit, dass das Fach ›Selbstwert‹ an jeder Schule gelehrt wird.«[33]

Ich darf keine Fehler machen! Diese Haltung drückt einen äußerst fragwürdigen und geringen Selbstwert aus. Was mich aber besonders erschüttert, ist die Tatsache, dass gerade Christen oft solche Probleme damit haben. Wie kann es sein, dass wir, die wir an die Barmherzigkeit Gottes und seine Vergebung glauben, uns oft nicht eingestehen wollen, dass wir uns irren oder nicht richtig handeln, wenn wir beispielsweise Menschen falsch einschätzen und ihnen damit Unrecht tun?

Ein Pfarrer spricht im Religionsunterricht über das Thema Vergebung. Zum Schluss richtet er eine Frage an die Klasse: »Und? Was müssen wir tun, damit Gott uns unsere Sünden vergeben kann?« Fritzchen meldet sich sofort: »Sündigen, Herr Pfarrer!« Als ich diesen Witz zum ersten Mal las, sprang er mich förmlich an. Warum? Weil diese offensichtlich falsche Antwort genau ins Schwarze trifft und damit vor Richtigkeit nur so strotzt.

Wie viel Freiheit könnte es bedeuten, wenn wir unsere Masken, mit denen wir sagen: »Ich habe alles im Griff«, ablegen würden und einfach ehrlich voreinander wären?

Fragen:

- Stehe ich zu meinen Fehlern oder bemühe ich mich, sie zu kaschieren und mich herauszureden?
- Wie wirkt dieser Satz auf mich: Ich erlaube mir, Fehler zu machen.

Geborgenheit und Freiheit in einer Gruppe

Es sei hier noch einmal gesagt: Meine Gemeinde war mir in meiner Kindheit beides, einerseits ein Ort der Geborgenheit, in dem ich mich sicher fühlte, andererseits ein Gefängnis. Diese ambivalente Empfindung Gemeinden gegenüber habe ich bis heute beibehalten. Es gibt beides. Menschen können in Gemeinden Halt und Geborgenheit finden und sie können in und durch diese Gemeinden regelrecht krank werden. Das entspricht der einhelligen Meinung von Therapeuten, auch den christlichen. Das wichtige Buch von Inge Tempelmann »Geistlicher Missbrauch – Auswege aus frommer Gewalt«[34] zeigt die Hintergründe dafür sehr detailliert. Doch es handelt sich nicht immer gleich um geistlichen oder religiösen Missbrauch, wenn Menschen sich in Gemeinden eingeengt fühlen. Die Grenzen sind hier fließend. Ich selbst begegne mehr und mehr Aussteigern, vor allem Menschen, die in diesem Umfeld groß wurden und es nicht mehr aushalten. Sie sprechen oft von Enge, von unausgesprochenen Erwartungen und einer allgemeinen Vereinnahmung.

Viele von diesen Aussteigern fühlen sich aber auch einfach überlastet. Und darauf möchte ich näher eingehen, weil ich es für äußerst wichtig halte. Der bekannte Hirnforscher, Professor für Neurobiologie Gerald Hüther hat in einem Vortrag über Positive Psychologie und Potenzialentfaltung einen bemerkenswerten Satz im Blick auf soziale Gruppen gesagt, der, wie ich meine, auch für christliche Gemeinden von Belang ist: »Das neue Modell von Gemeinschaften wäre eines, von dem man nicht weg muss, um frei zu sein, sondern es wären Gemeinschaften, in denen man erst frei wird, wenn man eintritt.«[35]

Ein interessanter Aspekt. Wie aber müssten Gemeinschaften aussehen, in denen Menschen frei sind? Hüther erklärt, dass die meisten Gemeinschaften reine Zweckbündnisse seien, in denen die Mitglieder »benutzt« würden, um einen bestimmten Zweck zu erfüllen. Richtig wäre es, sie würden in dieser Gruppe darin unterstützt, ihr eigenes Potenzial zu entfalten und als die Menschen unterwegs zu sein, die sie wirklich sind.

Ich bin überzeugt, dass Hüther recht hat. In christlichen Gruppen ist es oft so: Wir sehen uns als Glaubensgemeinschaft mit einem Auftrag. Dieser Auftrag lautet, die Liebe Gottes in die Gesellschaft zu tragen. Dies geschieht durch Verkündigung, soziales Engagement etc. Ob wir es wahrhaben wollen oder nicht, wir verhalten uns als Zweckgemeinschaft. Wir betonen gern und oft, dass Menschen unterschiedliche Gaben und damit auch Aufgaben haben, dass wir diesen Reichtum schätzen und fördern wollen. Doch bei der viel gerühmten Vielfalt geht es um mehr als nur um Gaben und Fähigkeiten, es geht um das Sein eines Menschen, um das Selbst, die Bedürfnisse, Erkenntnisse, Visionen, Sichtweisen, die Art zu glauben und mit diesem Glauben unterwegs zu sein.

Neulich habe ich ein Buch geschenkt bekommen, das mich total beeindruckt hat. Es heißt ganz einfach »Still«. Der Untertitel lautet: »Die Kraft der Introvertierten«. Dieses Buch von Susan Cain ist laut Deutschlandfunk Kultur ein »gewaltiges Plädoyer für das Stille in einer lauten Welt«[36]. Die US-amerikanische Autorin war früher als Anwältin für Körperschaftsrecht in einem Wall-Street-Unternehmen tätig; heute arbeitet sie als Trainerin für Verhandlungsführung und hat eine eigene Beratungsfirma. Sie bezeichnet sich selbst als introvertiert und erzählt unter anderem von ihren eigenen leidvollen Erfahrungen. Sie ist überzeugt: Extravertierte Menschen geben in unserer Gesellschaft den Ton an. Das Verheerende dabei ist, dass sie darauf trainiert werden. Das heißt im Klartext: Introvertierte Menschen müssen zu Extravertierten umgepolt werden. Denn extravertiert zu sein bedeutet, Erfolg zu haben. Susan Cain bricht eine Lanze für die Introvertierten, indem sie vor allem deutlich macht, wie wichtig diese Menschen für eine Gesellschaft sind. Extravertierte Menschen sind nach außen gerichtet, oft kontaktfreudig und kämpferisch. Introvertierte Menschen sind dagegen nach innen gerichtet, oft kontaktscheu, eher in sich brütend und nachdenklich.

Selbstverständlich sind die meisten von uns Mischtypen. Ich selbst bin zum Beispiel kontaktfreudig. Mir fällt es, je nach Situation, nicht schwer, auf Menschen zuzugehen, ich komme leicht mit ihnen ins Gespräch, aber nicht immer und nicht überall. Denn das andere steckt auch in mir, zum Beispiel meine Schüchternheit. Außerdem brauche ich meine Rückzugsorte, brauche sehr viel Zeit und Ruhe für mich selbst. Trubel wird mir schnell zu viel. Zu viele Veranstaltungen sind erdrückend für mich, da ist mein Maß schnell voll. Ich fühle mich in kleinen, überschaubaren Gruppen sehr viel wohler als in großen.

Es ist wichtig, uns selbst mit unserer Persönlichkeit zu kennen, zu respektieren und Sorge für uns zu tragen. Doch Cain merkt an: »Heutzutage geben wir nur einem bemerkenswert kleinen Spektrum von Persönlichkeitstypen Raum. Uns wird eingeredet, dass Menschen von Bedeutung eine forsche Art haben und dass Glück mit Kontaktfreudigkeit einhergeht.«[37]

Was mich in diesem Buch geradezu aufgeschreckt hat, ist ein Abschnitt, der mit einer Frage überschrieben ist: »Liebt Gott Introvertierte? – Das Dilemma eines Evangelikalen«[38]. Hier geht es um die sogenannte Saddleback Church, eine der einflussreichsten und größten evangelikalen Kirchen in den USA mit einer wöchentlichen Besucherzahl von 22 000. Der Leiter ist Rick Warren, der auch bei uns sehr bekannte Autor von »Leben mit Vision«.

Ein anderer Pastor dieser Gemeinde, Adam McHugh, der sich selbst als introvertiert bezeichnet, trifft sich zu einem Gespräch mit der Autorin. Er erzählt, dass er mit der Bezeichnung introvertiert endlich eine treffende Erklärung für seinen Persönlichkeitstyp gefunden hat, wie er ihn an sich selbst beobachtet. Er sagt, er liebe es, auf dem College frühmorgens bei einer Tasse Kaffee allein zu sein und nachzudenken. Er brauche das für den Tag. Er besuche gern Partys, verlasse sie aber immer vorzeitig, weil es ihm irgendwann zu viel würde und er das Bedürfnis nach Ruhe habe, während die anderen immer lauter würden und es für sie jetzt erst richtig losgehe. Er beginnt, seine Introvertiertheit zu respektieren und zu genießen.

Das aber verändert sich, als er in der Gemeinde aktiv wird. Im Buch heißt es: Er »fing an, Schuldgefühle zu haben, wenn er allein sein wollte. Er glaubte sogar, dass Gott seine Entscheidung fürs Alleinsein – und damit auch ihn selbst – missbilligte.«[39] Hugh sagte: »Die evangelikale Bewegung verknüpft Hingabe mit Extraversion … Die Betonung liegt auf der Gemeinschaft; man soll an immer mehr Programmen und Veranstaltungen teilnehmen und immer mehr Menschen kennenlernen.«[40]

Sicher handelt es sich hier um eine subjektive Wahrnehmung, die von eigenen Verletzungen herrühren kann. Trotzdem halte ich es für wichtig, hinzuschauen, was dies bei Menschen anrichtet: »Es schafft für viele Introvertierte einen konstanten Druck, wenn sie dieser Vorgabe nicht entsprechen. Und in einer religiösen Welt steht mehr auf dem Spiel, wenn Sie diesen Druck spüren. Es fühlt sich nicht an wie *Ich mache es nicht so gut, wie ich es gern täte.* Es fühlt sich an wie *Gott ist nicht zufrieden mit mir.*«[41]

Genau diese Gefühle beschreiben mir immer wieder Menschen, mit denen ich es in meinen Beratungen zu tun habe, aktive Christen mit Verantwortung, Aussteiger oder Resignierte. Dabei gehe ich nicht mit einem Rundumschlag über die Gemeinden. Es stimmt nicht immer und überall. Manchmal sind es auch Empfindungen, die allein auf einer subjektiven Wahrnehmung beruhen, trotzdem sind diese keineswegs aus der Luft gegriffen.

Entspricht die folgende Stellenbeschreibung nicht auch den Erwartungen unserer Gemeinden, wenn wir genau hinschauen?

»Der Geistliche muss … extravertiert sein, jemand, der Teamgeist hat und Mitglieder und Neuankömmlinge enthusiastisch für sich einnehmen kann«, heißt es in einer Stellenausschreibung für den stellvertretenden Rektor einer evangelikalen Gemeinde mit 1400 Mitgliedern.[42] Vielleicht haben wir es in unseren Stellenbeschreibungen so explizit nicht formuliert. Die unausgesprochene Erwartung ist trotzdem vorhanden. Wenn wir ehrlich sind, bewerten wir kontaktfreudige, extravertierte Menschen positiv. Sie sind für uns oft die hingegebenen Vorzeigechristen. Gemeinschaften aber, in denen Menschen sich wirklich angenommen wissen, in denen sie sich frei fühlen können, und zwar so, wie sie sind, ohne Wenn und Aber, werden niemals Gemeinschaften mit diesen Vorgaben sein, ob nun ausgesprochen oder unausgesprochen. Auch ein Klima kann sich erdrückend auf Menschen auswirken. Ich glaube, dass wir letztlich unsere inneren Haltungen vor anderen nicht verbergen können, selbst wenn unsere Sprache etwas ganz anderes sagt. Sensible, zartfühlende und vor allem verletzte Menschen nehmen unsere innere Haltung wahr.

Ein anderes Problem kommt hinzu. Ein Sektenbeauftragter antwortete auf die Frage, ob eine bestimmte, sehr lebendige charismatische Gemeinde eine Sekte sei: Man könne sie nicht als Sekte bezeichnen, da die Mitglieder ja jederzeit die Freiheit hätten, die Gemeinschaft zu verlassen, ohne mit irgendwelchen Konsequenzen rechnen zu müssen. Allerdings machte er eine Einschränkung: Mitglieder hätten es danach schwer, wieder ins »normale« Leben zu finden, da schon allein durch das volle Gemeindeprogramm jegliche sozialen Kontakte außerhalb der Gemeinde abgebrochen seien. Insofern sei es keine Sekte, habe aber durchaus den Geschmack einer Sekte. Auch diese Aussage ist nicht zu verallgemeinern und dennoch ernst zu nehmen.

»Wir sind eine große Familie!« Wie oft schon habe ich diesen Satz gehört. Er wird vor allem von Menschen gebraucht, die sich in einer christlichen Gemeinschaft zu Hause fühlen. Das ist schön und sicher wünschenswert, gleichzeitig birgt es aber auch eine Gefahr. Ich habe längere Zeit mit einem Paar gearbeitet, das nach Beendigung seiner Mitgliedschaft in einer christlichen Gemeinde einen schmerzhaften Prozess durchlaufen musste.

Als die beiden auf diese Gemeinschaft stoßen, befinden sie sich gerade in einer desolaten Situation: Sie sind ins Drogenmilieu abgerutscht und völlig am Ende. In der Gemeinde finden Sie menschliche Wärme, Liebe und Geborgenheit. Es ist ein geschützter Raum und ein guter, wichtiger Ort, um heil zu werden und Orientierung zu finden. Mit der Zeit übernehmen sie selbst Verantwortung in dieser Gruppe und helfen wiederum anderen. Ebenso wachsen sie in ihrer Gottesbeziehung. Sie werden mehr und mehr zu den Menschen, die sie sind. Das heißt, sie entdecken auch das, was ihnen wichtig ist, ihre Träume, ihre Sicht der Dinge und das, was sie von dem offiziellen Mainstream dieser Gemeinschaft unterscheidet. Jetzt, wo sie nicht mehr hilflos und abhängig sind, nehmen sie wahr, dass es neben aller Hilfe und positiven Erfahrungen Vereinnahmung und Manipulation gibt. Viele Grundsätze und Regeln und vor allem die vorherrschende Haltung, was Leitung betrifft, können sie so nicht mehr mittragen. Um weiterhin der Gemeinschaft treu zu bleiben, müssten sie sich selbst verraten. So ziehen sie ihre Konsequenzen und treten aus dieser Gemeinschaft aus. Eine normale und gesunde Entwicklung, wie ich finde, und ganz bestimmt keine Katastrophe. Und doch wird es für sie beinahe zu einer. Denn sie fühlen sich plötzlich wie Ausgestoßene. Es wird gemunkelt und über sie geurteilt. Man zieht falsche Schlüsse, Beziehungen zerbrechen, Freunde melden sich nicht mehr. Bei aller Freiwilligkeit steht eine unausgesprochene Aussage im Raum: Wir geben euch frei, aber ihr seid auf einem falschen Weg!

Wie viel Schmerz und Trauer kommen in unserer gemeinsamen Arbeit heraus! Die beiden brauchen zunächst vor allem eines: sehr viel Raum und Zeit, um das Verlorene zu betrauern. Erst dann können sie einen neuen Weg einschlagen und sich auf andere, neue Beziehungen einlassen. Es kommt zu einem langen, schmerzhaften Prozess, der sicher so nicht nötig gewesen wäre. Im Grunde sind sie doch nur »erwachsen« geworden. Es ist offenbar schwer, »seine Zöglinge« loszulassen, wenn sie für sich selbst einen anderen Weg wählen. Das erinnert tatsächlich an eine Familie.

Ich habe es aber Gott sei Dank auch ganz anders erlebt: Menschen einer Gemeinschaft, die zwar auch meinen Austritt bedauerten, sich aber von Herzen an meiner weiteren Entwicklung freuten und heute immer noch großes Interesse an meinem Leben zeigen. Wie erfrischend und befreiend ist das!

Zur gelebten Freiheit gehört deshalb auch, dass wir uns an einem geeigneten Standort befinden, an dem wir gedeihen und uns entfalten können. Der geeignete Standort ist sogar lebenswichtig, auch wenn Menschen unter den widrigsten Umständen über sich hinauswachsen können.

Der geeignete Standort

In unserer Krefelder Zeit leben wir in einem älteren Haus, dessen Rückseite nach Süden und dessen Front nach Norden zeigt. Alter Backstein strahlt nicht mehr hell und rot, sondern kann einen recht dunklen Eindruck machen. So sieht unser Haus zur Straße hin und damit zur Vorzeigeseite recht dunkel und freudlos aus. Da liegt es nahe, dass ich es mit bunten, prall gefüllten Blumenkästen farblich aufwerten möchte. Doch das gestaltet sich nicht ganz einfach, da die Nordseite kaum Sonne abbekommt. Ich kann also nicht einfach irgendwelche Pflanzen aussuchen, seien sie auch noch so schön und ansprechend. Es müssen Pflanzen sein, die mit Schatten und Halbschatten nicht nur zurechtkommen, sondern gerade dort am besten gedeihen. Ich entscheide mich für Begonien, fleißiges Lieschen und Fuchsien, Pflanzen, die genau diesen Standort brauchen, weil sie unter praller, stechender Sonne leiden und eingehen würden.

Mit uns Menschen ist es nicht anders. Auch wir brauchen Standorte, an denen wir gedeihen und uns entfalten können. Leider beachten wir das nur selten. Deshalb möchte ich Sie ermutigen, sich einen solchen Standort zu suchen. Als Kind konnten Sie sich nicht aussuchen, in welcher Umgebung und mit welchen Menschen Sie aufwachsen. Doch heute können Sie ihre Freunde in der Regel wählen und selbst entscheiden, zu welchen Leuten Sie Kontakt halten möchten. Meiden Sie Menschen, die Ihnen schaden und Sie in Ihrer Entwicklung und Heilung behindern, und suchen Sie Kontakt zu Menschen, die Sie fördern.

Damit meine ich keineswegs Menschen, die uns nach dem Mund reden oder uns einfach nur supertoll finden, sondern jene, die uns wirklich sehen und wahrnehmen, wer wir sind und zu welchen Menschen wir werden können, Menschen, die unser Potenzial entdecken. Es sind die Menschen, die uns nicht beneiden, sondern sich von Herzen an unserem »Erfolg« freuen können und uns in unserer Selbstfindung unterstützen. Auch die Gruppen und Gemeinden, in denen wir uns bewegen, sollten wir danach aussuchen, ob sie uns fördern oder unterdrücken, jedoch nicht im Sinne von »Wohlfühlgruppen«. Gerade eine Gruppe, die mich herausfordert, kann wachstumsfördernd sein.

Wenn wir unter einem verzerrten, zerstörerischen Gottesbild leiden, wird eine Gemeinde, die sehr enge, gesetzliche Strukturen aufweist und auf mahnende Appelle setzt, nicht förderlich, sondern eher schädlich sein. Ein Mensch, der viel Grenzüberschreitendes und Einengendes erlebt hat, der mit Ge- und Verboten genährt wurde, braucht Weite und Erlaubnis. Ein Mensch, der vernachlässigt, hauptsächlich sich selbst überlassen war oder in die Sucht abgerutscht ist, braucht möglicherweise eine feste Struktur und klare Maßstäbe.

In meiner Fortbildung zur Supervisorin machen wir eine Imagination, in der wir uns an frühere Leiter und Leiterinnen erinnern, aus unserer Kindergarten- und Schulzeit oder auch aus Jugendgruppen. Vor meinem inneren Auge sehe ich Leiter und Leiterinnen, die mich gefördert und mir Mut gemacht haben, aber auch solche, die mich klein gemacht, mich belächelt oder entmutigt haben.

Anschließend bekommen wir die Aufgabe, ein Bild zu gestalten mit der Aussage, wie ich ideale Leitung sehe, welche Art von Leiterin ich selbst bin. Was ist mir wichtig, wenn ich Menschen führe und anleite? Ich gestalte eine große Wiese. Diese Wiese ist umsäumt mit grünen Büschen. Die Büsche bilden einen Schutz um die Wiese, sind aber nicht statisch. In ihnen spielt der Wind. Auf dieser Wiese befindet sich ein Kind, das sich ausprobiert und dabei von der Leiterin, die sich in einigem Abstand auf der Wiese befindet, angespornt und ermutigt wird. Diese Art, einen Raum des Vertrauens zu bieten und zu ermutigen, wird immer meine Art sein, Menschen zu leiten. Ich selbst brauche diese Art und finde Menschen, die sie brauchen. Ich bin nicht für jeden geeignet. Auch das zu erkennen, ist gelebte Freiheit.

Fragen:

- Lebe ich in unguten (abhängigen) Beziehungen?
- Umgebe ich mich mit Menschen, die mir Mut machen, oder bedrücken sie mich eher?
- Gebe ich anderen die Freiheit, sie selbst zu sein? Kann und will ich sie loslassen?

Am Glauben nicht mehr interessiert?

Wie oft begegnen mir Menschen, die mit Kirchen und Freikirchen, ganz gleich, welcher Konfession sie angehören und welche Namen sie tragen, nach eigenen Worten nichts mehr am Hut haben. Viele von ihnen sind aber durchaus an Glaube und Spiritualität interessiert.

»Nun, das ist heutzutage allgemeiner Trend«, heißt es oft. Erleben wir es nicht überall? Verbindlichkeit und Zuverlässigkeit sind eben nicht mehr gefragt. Es läuft nach dem Motto: Ich zimmere mir meinen Gott selbst. Ich lebe nur noch nach einem Wohlfühl-Schema, nach dem, was mir guttut. Glaube ohne Dogma heißt die Devise, die Lebensart unserer postmodernen Gesellschaft. Doch diese Aussage ist mir zu platt und trifft auch so verallgemeinert nicht zu. Menschen legen sich nicht gern fest, wenn es um verbindliche Zusagen geht, das ist richtig. Das erleben vor allem jene, die zum Beispiel Kurse und Freizeiten oder Ähnliches planen. Auch lange Ausbildungen an einem Stück laufen nicht mehr. Projektarbeit ist angesagt. Einsatz auf begrenzte Zeit. Da bleibt mir die Möglichkeit, zu wählen, neu zu entscheiden, mir mein Ausbildungsprogramm selbst zusammenzustellen.

Gleichzeitig erleben wir aber sehr wohl, dass Menschen Verantwortung übernehmen, sich einsetzen, Hilfe leisten und Treue und Verbindlichkeit in Partnerschaften zeigen.

Wir müssen auch sehr klar unterscheiden zwischen einem gesellschaftlichen Trend und einzelnen Menschen, die sich oft aus gutem Grund beispielsweise allem Christlichen verweigern.

Eine Frau erzählt mir, dass sie mit Jesus nichts anfangen könne, er mache sie sogar wütend. »Wenn ich ein Jesusbild sehe, könnte ich kotzen«, drückt sie es klar und unmissverständlich aus. Sie ist in einer Klosterschule aufgewachsen und dort wurde ihr als Kind mit dem Kruzifix gedroht. »Schau, wie Jesus gelitten hat! Wegen dir hängt er dort. Und wenn du nicht gehorchst, hängst du ihn jedes Mal wieder ans Kreuz!« Was wird eine solche Aussage wohl in einem Kind auslösen? Wie gut kann ich sie verstehen, als sie mir sagt: »Bleib mir weg mit Jesus, mit dem bin ich fertig!« Ich selbst kenne es ja und musste meinen »falschen Jesus« zu Grabe tragen.

Auch andere Menschen begegnen mir, bei denen es nicht so drastisch war, die aber trotzdem mit der Person Jesus große Probleme haben. Viele von ihnen berichten mir von ihrer Enttäuschung mit dem Christentum. Martina ist ebenfalls in einer streng katholischen Klosterschule aufgewachsen, immer mit einer Sehnsucht nach Gott in ihrem Herzen. Doch dort ist sie nur einem mit Strafen drohenden Gott begegnet. Ein Glaube, der nur im Einhalten von Gesetzen und Regeln besteht, hat ihr Herz nicht satt gemacht.

Wie gut kann ich sie verstehen, als sie mir sagt: »Ich hänge keiner bestimmten Religion mehr an. Das, was ich als Gott bezeichne, hat keinen besonderen Namen, schon gar nicht den der Christen!« Und doch ist sie über Jahre ein Dauergast meiner Kurse Tanz & Spiritualität in der Volkshochschule, denn in sich spürt sie das Spirituelle, wie sie sagt. Das mache sie neugierig. Und darin liegt wohl ein wichtiger Schlüssel.

IV. Gelebte Spiritualität

Ein Modewort?

Der Begriff Spiritualität ist heutzutage weit verbreitet und hat regelrecht Hochkonjunktur. Aus eben diesem Grund ist er bei manchen Christen geradezu verpönt. Und vielleicht haben auch Sie sich gefragt, warum ich nicht einfach vom gelebten Glauben spreche? Nicht wenige sind der Meinung, dass man Begriffe, die inflationär gebraucht werden, eher vermeiden sollte, da sie zu Missverständnissen führen könnten. Doch ganz ehrlich, dürften wir dann heute noch von Liebe sprechen?

Ich gebrauche das Wort Spiritualität ganz bewusst, denn es ist meines Erachtens ein auf den Punkt genau treffendes Wort. »Spiritualität« kommt vom lateinischen »Spiritus«, was »Hauch, Atem, Seele, Geist« bedeutet.[43] Der Begriff »Spiritualität« wird aber sehr unterschiedlich gefüllt. Er ist sozusagen ein Sammelbecken für verschiedene immaterielle Aspekte des menschlichen Lebens. Manche verstehen darunter hauptsächlich die Verbindung zu sich selbst. Andere sehen sich darin als Teil eines großen Ganzen, beispielsweise des Universums oder der Tier- und Pflanzenwelt. Was ich höchst erstaunlich und interessant finde, ist, dass es eigentlich immer um Beziehung geht. Beziehung zu sich selbst, zum Universum, zu einer höheren Macht, zum Göttlichen usw. Neulich sagte mir jemand, der in einer Freikirche aufgewachsen ist und sich von dieser Art Frömmigkeit befreit hat: »Ich habe aber das Spirituelle noch in mir!« Eine Frau, die in einem sehr pietistisch geprägten Umfeld aufgewachsen ist, meinte: »Ich habe jetzt zu einer neuen Spiritualität gefunden.« Diese Frau, mit der ich ein Fortbildungswochenende besucht habe, hat auf mich sehr zufrieden gewirkt. Es ist spürbar, wie sie in sich ruht. Und genau das meinen auch viele, wenn sie von Spiritualität sprechen. »Ich habe zu mir selbst gefunden. Ich bin bei mir angekommen. Ich bin in mir zu Hause.« Und in der Tat hat Spiritualität genau damit zu tun.

Der Theologe und Psychotherapeut John Bradshaw schreibt: »Zur Spiritualität gehört etwas, das ganz tief in uns verborgen liegt und unser authentischster Teil ist – unser wahres Selbst. Wenn wir spirituell sind, stehen wir in Kontakt mit unserer Einzigartigkeit und Besonderheit. Das ist unser elementares Sein, unsere Ichhaftigkeit. Zur Spiritualität gehört außerdem ein Gefühl für die Verbindung mit etwas, was größer ist als wir selbst und auf das wir uns gründen.«[44]

Im Grunde geht es bei dem Begriff Spiritualität um Ganzheit. Für Bradshaw haben Ganzheit und Spiritualität sogar die gleiche Bedeutung. In den vielen Beispielen und persönlichen Geschichten, die ich erzählt habe, ging es immer wieder um Ganzheit. Heil werden bedeutet ganz werden. In der Psychologie spricht man von Ichhaftigkeit, Subjekthaftigkeit oder auch Meinhaftigkeit. Diese Begriffe lassen sich in einem einfachen Satz ausdrücken: Ich bin ich! Ich bin nicht der andere, ich habe die Möglichkeit und das Recht, zu wählen und mich zu entscheiden. Das ist ein elementares Grundrecht.

Ich glaube, dass dieses Recht darin begründet liegt, dass wir nach Gottes Ebenbild geschaffen sind. Im Alten Testament gibt es etliche verschiedene hebräische Namen für Gott und in der gesamten Bibel mit allen Umschreibungen an die sechshundert Namen. Einer dieser Namen tritt ganz besonders hervor und wird als der persönliche Name Gottes bezeichnet. Es ist der Name, mit dem Gott sich aus einem brennenden Dornbusch Mose vorstellt, als dieser berufen wird, das Volk Israel aus der Sklaverei zu führen (2. Mose 2). Auf Hebräisch lautet der Name Jahweh. Dieser Name hat eine ungeheure Tiefe und ist nicht leicht zu übersetzen. »Ich bin der *Ich bin da*« (vgl. 2. Mose 3,14; EÜ) trifft es wohl am ehesten. Gott selbst stellt sich uns Menschen also vor als *Ich bin da*.

Vor vielen Jahren hatte ich auf einer großen Hochzeitsfeier eine kurze, aber sehr prägnante Begegnung. Viele Gäste sind dort zusammengekommen, viele von ihnen sind mir unbekannt. Mitten in dem Gewusel des Hereinkommens und Platzsuchens steht urplötzlich ein kleines Mädchen vor mir, lacht mich an und sagt: »Ich bin da.« Ich schaue es überrascht an und antworte: »Du bist da, das ist toll!« Kinder haben einen sehr natürlichen Zugang zur Spiritualität.

Wenn nun dieser »Ich bin da«-Gott, wie es in der Schöpfungs-geschichte anschaulich erzählt wird, dem Menschen seinen Atem, seine Ruach, das hebräische Wort, das dem lateinischen Spiritus entspricht,[45] einhaucht und uns zu »Ich-Wesen« macht, dann frage ich mich, wie es zu diesem Irrtum kommen kann und konnte, dass der erlöste Mensch sein Ich zu Grabe tragen soll. Das, was tatsächlich zu Grabe getragen werden muss, ist einzig und allein das Pseudo-Ich, die falsche Identität, die sich aus der Anerkennung der anderen nährt und sich beim Laufen auf der Rennbahn mühsam auf den Beinen hält. Das wirkliche Ich, das von Gott eingehauchte Ich, muss dagegen zum Leben erweckt werden.

Bleiben wir noch einen Moment bei den biblischen Berichten. Rund 1300 Jahre später: In der City von Jerusalem, rund um den Tempel, das damalige religiöse Zentrum, herrscht ein buntes Treiben. Aus allen Regionen hat man sich auf eine Wallfahrt nach Jerusalem begeben. Die Menschen singen, lachen und tanzen. Man feiert das alljährliche Laubhüttenfest, eines der fröhlichsten jüdischen Feste. Es ist ein herrliches Fest für Kinder, sie kommen hier ganz auf ihre Kosten. Die Zeit der vierzigjährigen Wüstenwanderung nach der Befreiung aus der Sklaverei wird wieder lebendig, indem die Familien sich Zelte (Laubhütten) aus Zweigen von Palmen und verschiedenen Laubbäumen machen. Die Zelte sollen ein Symbol für den Schutz Gottes sein, denn er hat das Volk durch alle Gefahren hindurch bewahrt. In diesen Zelten übernachtet die ganze Familie eine Woche lang, und das nicht etwa auf Campingplätzen, nein, in den Straßen und Höfen der Stadt, auf den Plätzen, dem Tempelvorhof, ja, sogar auf den Dächern der Häuser. Damit tauchen sie ein in die alte Zeit, Geschichte wird lebendig, mit dem Unterschied, dass hier und jetzt dankbar gefeiert wird.

Eigentlich sind es gleich mehrere Feste auf einmal, denn man feiert auch die Ernte. Notwendig für eine gute, reichhaltige Ernte ist das Wasser. Deshalb geht der Hohepriester an jedem Morgen bei Anbruch des Tages zum Teich Siloah, schöpft dort einen großen Krug bis zum Rand voll Wasser und bringt ihn in den Tempel. Dabei wird der Hohepriester von lauten Trompetenstößen begleitet. Überhaupt spielt die Musik eine große Rolle. Auf den fünfzehn Stufen des Tempelvorhofs ist ein riesiger Chor der Leviten versammelt. Er begleitet die nächtlichen Fackeltänze der Männer, Priester und Rabbiner. Der ganze Tempelvorhof ist in der Nacht hell beleuchtet, nicht durch Fluter, sondern mithilfe von vier großen, goldenen Leuchtern. Der Hohepriester geht mit seinem Krug in den Tempel und schüttet das Wasser zusammen mit Wein als Trankopfer über den Altar. Es fließt durch zwei Schalen mit Öffnungen nach unten ab und sammelt sich dort. Das ist ein Bild für das alte Wort aus den jüdischen Heiligen Schriften: »Ihr werdet mit Freuden Wasser schöpfen aus den Brunnen des Heils« (Jesaja 12,3).[46]

Was für ein wunderbares, kreatives Fest! So viel zum Hineinspüren, Nacherleben, Schmecken, Sehen und Fühlen. Auch Jesus ist übrigens dort, mittendrin, allerdings undercover, sozusagen inkognito, denn man stellt ihm wegen seiner provokanten Reden und Taten nach. Doch jetzt ist seine Zeit, sein Kairos, gekommen. Jesus stellt sich vor die Leute, steht dort auf dem Platz und ruft einen Text, der nicht auf dem Programm der üblichen Festrede zu finden ist: »Wen da dürstet, der komme zu mir und trinke! Wer an mich glaubt, von dessen Leib werden, wie die Schrift sagt, Ströme lebendigen Wassers fließen!« (Johannes 7,37-38). Mitten in dieses Wasser-Freudenfest spricht Jesus hier von einem anderen, tieferen Durst, von der Sehnsucht nach Lebendigkeit, nach Ganzheit. Die Einheitsübersetzung übersetzt: »Aus seinem Inneren werden Ströme von lebendigem Wasser fließen.«

Doch was ist hier mit dem Wasser gemeint? In Vers 39 heißt es weiter: »Das sagte er aber von dem Geist, den die empfangen sollten, die an ihn glaubten; denn der Geist war noch nicht da; denn Jesus war noch nicht verherrlicht.« Da ist es wieder: der Atem, der Geist, die Ruach, diesmal im Bild eines anderen Elementes: Wasser. Ich liebe diesen Text, denn er ist ein klarer Widerspruch zu jeder verkrampften Eigenanstrengung. Trinke, und es wird fließen, nimm auf, und es wird weitergegeben. Es geschieht, es ereignet sich – wenn du empfängst.

An dieser Stelle möchte ich noch ein anderes Wort nennen, das schon sehr alt und gleichzeitig doch wieder modern geworden ist. Wir finden diesen Begriff auf vielen Karten mit ursprünglich irischen Texten: den Segen.

Stellen Sie sich einen Kaskadenbrunnen vor. Das Wasser wird von der obersten Schale weitergegeben an die nächste und so geht es weiter. Segen bedeutet die Zuwendung Gottes, sein Heil, das Gute, das er uns gibt. Es wird durch Gesegnete weitergereicht. Es ist etwas Wunderbares, Menschen einen Segen zuzusprechen. Für mich ist Segen mehr als nur ein menschliches Wort. Er kommt nicht aus mir, denn ich selbst bin ja auch eine Empfängerin dieses Segens.

Ich möchte Ihnen einige Segensgeschichten aus meinem eigenen Erleben erzählen. Es sind Segenserfahrungen an ungewöhnlichen Orten und sie machen etwas deutlich von der Spiritualität, von einem Erleben und einer Wahrnehmung, die sich unserer menschlichen Kontrolle und Machbarkeit entzieht.

Das Geschenk des Seg(n)ens

Ein Sonnenstrahl

Heute ist der Abschlusstag eines VHS-Kurses für Menschen aus sozialen Berufen unter dem Titel »Mein Job frisst mich auf, aber ich brauche ihn«. Eine sehr gute und ehrliche Zeit verbringen wir miteinander. Die verschiedenen Treffen waren intensiv und haben uns miteinander vertraut gemacht. Als beim Abschluss jeder der Anwesenden ein letztes Feedback gegeben hat, habe ich den Wunsch, einen Abschlusssegen zu sprechen. Selbstverständlich frage ich die Anwesenden, ob sie dies möchten. Sie bejahen es begeistert. »Ja bitte, sehr gern!«

So stellen wir uns in einen Kreis und halten uns an den Händen. Ich spreche einen einfach formulierten Segen Gottes über sie aus.

Während dieses kurzen Augenblicks kommt ein warmer Sonnenstrahl durch die Fenster. Das ist an diesem Tag und just in diesem Moment tatsächlich ungewöhnlich und überraschend, da es bisher ein durch und durch grauer und verregneter Tag gewesen ist. Die Anwesenden nehmen es wahr und empfinden es als eine Bestätigung der Zusage Gottes.

Das sind kostbare Augenblicke, für die wir uns öffnen sollten. Es sind göttliche Augenblicke. Augenblicke, in denen Gott sich in unserer menschlichen Wirklichkeit zeigt. Die Voraussetzung für solche Erlebnisse ist aber, ein gewisses Risiko einzugehen und unkonventionelle Wege einzuschlagen. Ich bewege mich auf unsicherem Terrain. Das kann ich nur, wenn ich meine Überzeugungen, wie etwas zu sein hat, sowie meine Vorbehalte und Ängste loslasse.

Die ersetzte Wallfahrt

Es ist der letzte Tag eines einwöchigen Familien-Ferien-Festivals namens Spring in Ruhpolding. Drei Abschlussgottesdienste werden an diesem Morgen angeboten, da die katholische Kirche nicht groß genug ist, um alle Besucher auf einmal aufzunehmen. Am Ende jedes Gottesdienstes stehen wir als Team im Altarraum, um den Menschen, die es möchten, einen Segen mit auf den Weg zu geben.

Als der zweite Gottesdienst beendet ist, stehe ich mit den anderen vorne im Halbkreis. Die Leute strömen zu uns und nehmen dieses Segensangebot gern in Anspruch. Da sehe ich eine Frau mittleren Alters etwas zögerlich auf mich zukommen.

»Darf ich Sie um einen Segen bitten?«, fragt sie mich und erzählt, dass sie »zufällig« von diesen Gottesdiensten gehört habe. Sie wohne ganz in der Nähe und habe für dieses Wochenende eigentlich eine Wallfahrt geplant. Doch das hier habe sie neugierig gemacht und nun sei sie erst einmal hier. Ich frage sie, ob ich ihr beim Segnen die Hände auflegen dürfe. »Ja, gern. Aber ich möchte mich hinknien. Wissen Sie, ich bin Katholikin und bin es so gewohnt!«

»Gut, dann möchte ich mich gern neben Sie knien«, antworte ich.

Zuerst bin ich etwas unsicher. Was betet man in einem solchen Schnellsegen? Ich kenne die Frau nicht, weiß nicht, aus welcher Situation sie kommt, was sie braucht, was sie glaubt. Ist sie zufrieden, glücklich, lebt sie in heilen Beziehungen? Oder macht sie gerade Schweres durch, ist sie vielleicht sogar verzweifelt? In der Regel bin ich beim Gebet für fremde Menschen erst einmal still und warte, ob ich Worte »höre«, ob ich etwas empfange. Doch jetzt will so gar nichts kommen. Schließlich tue ich etwas, was ich in solchen Situationen gern tue. Ich bete Worte, die ich selbst nicht verstehen und deuten kann und die einfach aus mir herauskommen.

»Was war das gerade für eine Sprache, war das Hebräisch?«, fragt mich die Frau, als ich mein Gebet beendet habe.

»Nein, das war keine bestimmte Sprache«, antworte ich. »Ich habe mir einfach Worte von Gott schenken lassen.«

»Ach, wirklich? Ich habe so viel Kraft gespürt. Das hat mir sehr gutgetan«, sagt sie.

Zum Schluss fragt sie mich – wir befinden uns inzwischen ganz allein im Altarraum –, ob auch sie mir einen Segen geben dürfe. Sie kenne allerdings nur den von der Mutter Gottes. Das ist für mich kein Problem. So segnet auch sie mich und malt mir das Kreuzzeichen auf die Stirn.

»Findet hier noch ein Gottesdienst statt?«, fragt sie dann.

»Ja, noch ein letzter.«

»Dann bleibe ich einfach hier«, sagt die Frau lächelnd. »Die Wallfahrt brauche ich jetzt sowieso nicht mehr.«

Ich habe nicht wirklich eine Ahnung von dem, was in dieser Frau passiert ist, aber das ist auch nicht nötig. Als sie geht, freue ich mich einfach mit ihr und weiß sie unter Gottes Liebe in guten Händen!

Empfängliche Tiere?

In einem Gottesdienst besucht uns ein Mann, der in der Stadt ziemlich bekannt ist. Er ist oft mit einem langen, dunklen Mantel hier und da unterwegs und wird von einem schwarzen Hund begleitet. Immer mal wieder taucht er auch in unseren Gottesdiensten auf. Dann bindet er seinen Hund, der normalerweise treu ergeben auf das Ende des Gottesdienstes und auf sein Herrchen wartet, im Foyer fest. Wie gesagt, normalerweise. Denn an diesem Morgen ist es anders. Ich befinde mich in der Nähe der Tür zum Foyer. Gerade hat die Predigt begonnen, da vernehme ich ein Winseln, das sich schon bald zu einem Heulen steigert. Der Hund jault, doch sein Herrchen sitzt am anderen Ende des Raumes und bekommt wegen seiner Schwerhörigkeit nichts davon mit. Ich überlege, ob ich hingehen und ihn darauf aufmerksam machen soll, entscheide mich dann aber, die Sache selbst in die Hand zu nehmen.

Daher öffne ich leise die Tür und gehe zu dem Hund, der sich offensichtlich über mein Erscheinen freut. Als wolle er mich auffordern, sein Herrchen zu holen, jault er nun noch eindringlicher und springt an mir hoch. Ich binde ihn los und gehe mit ihm in die untere Etage. Dort kann ich ihn vielleicht ablenken und er wird sich beruhigen, hoffe ich. Doch das ist nun genau das Gegenteil von dem, was sich der Hund wünscht. Deshalb wechselt er vom Jaulen zu einem lauten Gebell. Da dieses Haus nicht über schalldichte Wände verfügt, ändere ich meinen Kurs und begebe mich wieder zurück ins Foyer. Soll ich mit ihm einen Spaziergang machen? Doch erstens weiß ich nicht, ob er mitgehen würde, und zweitens würde ihn sein Besitzer, der hin und wieder vorzeitig den Gottesdienst verlässt, womöglich suchen. Ich bleibe also dort und versuche es mit Streicheln und ruhigem Zureden, doch leider mit geringem Erfolg. Immer noch ist er unruhig, jault und winselt vor sich hin.

Da greife ich zu einer anderen Methode, sozusagen als letzten Ausweg. Ich beginne zu beten, lege meine Hände auf den Kopf des Hundes und segne ihn, bete auch hier einfach mit Worten, die aus mir herauskommen und für mich selbst keinen Sinn ergeben, und es geschieht etwas Seltsames. Der Hund schaut mich – menschlich ausgedrückt – verblüfft an, so als wolle er fragen: »Huch, was ist denn das?« Dann legt er sich auf den Boden, völlig ruhig und tiefenentspannt. Das Winseln und Jaulen hat ein Ende. Nun ist die Verblüffung auf meiner Seite.

Fragen:

- Bin ich selbst schon gesegnet worden oder habe ich andere gesegnet?
- Was bedeutet es für mich, einen Segen zu bekommen?
- Waren meine Empfindungen positiv oder eher negativ und warum?

Ganz im Hier und Jetzt

Wenn wir uns auf einen spirituellen Weg einlassen, überlassen wir uns dem nicht Kontrollierbaren, dem nicht Machbaren, und begeben uns auf den Weg des Vertrauens.

Dieser Weg kann in der Tat sehr unkonventionell sein. Wir können mitunter an unserem eigenen Verstand zweifeln. Wir begeben uns auf unbekanntes Terrain. Wir können uns nicht nach allen Seiten absichern, wie wir es so gern tun, und allen Bedenkenträgern, den inneren wie den äußeren, die unsere »Methode« infrage stellen, mit guten Gegenargumenten die Stirn bieten. Spiritualität bedeutet, im Augenblick präsent zu sein, hinzuschauen und wahrzunehmen.

Auch beim Segensgebet gibt es Grenzüberschreitungen, deshalb spielt Respekt eine entscheidende Rolle. Denn auch das Segnen kann wie das Gebet generell missbraucht werden, um Menschen zu manipulieren oder womöglich sogar mit der Absicht, Gott zu manipulieren (der sich aber nicht manipulieren lässt).

Vergessen wir nicht das Bild des Kaskadenbrunnens. Es geht um das Empfangen. Das Empfangene fließt weiter, ganz natürlich und unverkrampft. Ich bin nicht die Urheberin oder der Urheber.

Das lässt mich aufatmen und entspannen. Hier sind wir wieder bei dem Sein. Empfangen hat mit Sein zu tun und mit dem Augenblick: Sein im Hier und Jetzt.

Kinder haben damit weitaus weniger Probleme als Erwachsene. Sie können sich ganz und gar im Hier und Jetzt verlieren. Dass sie sich dem Augenblick hingeben, macht sie fähig, tiefer zu blicken und manchmal Dinge zu entdecken, die den Erwachsenen verborgen bleiben.

Mit kindlichen Augen

Etwa zehn Jahre haben mein Mann und ich in Verberg, einem Krefelder Stadtteil, in dem ehemaligen Bauernhaus aus Backsteinen gewohnt, von dem ich schon erzählt habe. Direkt gegenüber war die Bushaltestelle.

An einem Morgen warte ich dort zusammen mit mehreren Schulkindern auf den Bus. Direkt neben mir steht ein circa achtjähriges Mädchen, das mich plötzlich anspricht. »Wohnen Sie in dem Haus da?«, fragt sie mich und zeigt mit dem Finger auf die andere Straßenseite. »Ja«, antworte ich.

»Das ist ein lustiges Haus!«, meint sie. »Es hat ein Gesicht. Wenn ich morgens hier stehe, hat es meistens noch beide Augen zu. Dann denke ich, es schläft noch. Auf einmal macht es erst das eine und dann das andere Auge auf. Das sieht lustig aus!« Ich schaue überrascht zu unserem Haus hinüber. Tatsächlich, es hat ein Gesicht. Das war mir bisher noch nicht aufgefallen. Zwei Fenster als Augen, in der Mitte die Haustür als Nase, und mit etwas Fantasie hat es auch noch einen Mund, die Treppenstufe vor der Haustür. Ich stelle mir vor, wie ich an jedem Morgen zuerst das eine und dann das andere Rollo hochziehe, wie unser Haus also seine Augen öffnet. Nicht zu fassen, unser Haus hat ein Gesicht, und ein ehrwürdiges noch dazu, mit dem alten, abgenutzten Backstein!

Als ich später in der Stadt unterwegs bin, muss ich noch lange an dieses Gespräch denken. Ich habe es bis heute nicht vergessen, obwohl es inzwischen bestimmt zehn Jahre zurückliegt. Warum nur? Es war keinerlei bahnbrechende oder umwerfende Erkenntnis. Es hatte absolut keinen effektiven Nutzen. Und doch hat dieses Mädchen etwas in mir angerührt. Es sind die Augen und die Fantasie eines Kindes, die uns aus unserem erwachsenen Pragmatismus herausholen. Es schaut hin, wirklich hin, sieht die Kleinigkeiten, nimmt wahr und freut sich an solch einem alltäglichen Ereignis. Es personifiziert das Haus, wie es Kinder gern tun. Erinnern Sie sich, ob Sie das als Kind ebenfalls getan haben? Ich habe früher mit einem alten Autoreifen gespielt, dem ich den Namen Pfiffi gegeben hatte. Auch das Meer, in meinem Fall die Nordsee, habe ich personifiziert. Das Meer hat Gefühle. Ist es traurig, zieht es sich zurück. Ist es lustig und verspielt, zeigt es sich in kleinen, schäumenden Wellen. Manchmal ist es auch wütend und aufgebracht, dann tobt es wie eine brodelnde Masse.

Doch es ist nicht allein die Fantasie der Kinder, die mich anspricht. Wie oft schon haben mir Kinder die Augen geöffnet für die spirituelle Welt. Da bekommt ein achtjähriges Mädchen mit, wie ich mich über die plötzliche Lösung eines Problems wundere, und sagt ganz erstaunt und beinahe vorwurfsvoll: »Aber du hast doch dafür gebetet!«

Wie oft haben mich Kinder herausgeholt aus meinen Ängsten und meiner depressiven Stimmung? An einem Morgen bin ich in einer Grundschule, um den Schulgottesdienst zu halten. Eigentlich mache ich es gern, doch nicht an diesem Morgen. Heute fühle ich mich schwach und müde und bin von Selbstzweifeln geplagt. Mein Zeitmanagement in den letzten Tagen und Wochen war mal wieder katastrophal. Was soll nun dieser Schulgottesdienst noch? Das ist für die Kinder doch nur ein Pflichtprogramm. Wollen die überhaupt hier sein? Lieber wären die sicher ganz woanders, ebenso wie ich. Am liebsten würde ich jetzt nach Hause fahren und mich ins Bett verkriechen.

Als ich frustriert und widerwillig mein Equipment auspacke, strömen die ersten Kinder in die Aula. Ein Mädchen löst sich aus der Menge und kommt zu mir. »Ich freu mich schon so«, sagt es strahlend, bevor es sich setzt.

Ich fühle mich, als habe mir das Kind eine Vitamin-Auf-
bauspritze verpasst. Ich spüre körperlich, wie Energie und Freude
mich durchströmen. Kann es in diesem Augenblick etwas Wichtigeres geben, als diesen Kindern zu begegnen und mit ihnen einen
fröhlichen, kindgerechten Gottesdienst zu erleben? Dieses Mädchen ist ein Geschenk des Himmels.

Es lohnt sich, bei Kindern ganz besonders hinzuschauen und
hinzuhören. Und es gibt Menschen, die sind auch im hohen Alter
immer noch Kinder oder werden es wieder – im positiven Sinne,
nicht kindisch, sondern kindlich. Das macht sie besonders liebenswert.

Kinder mit Falten

Ich mag alte Menschen, die sich ihre Kindheit bewahrt haben.
Kinder vertrauen und alte Leute, die sich ihre Kindheit bewahrt
haben, vertrauen ebenso. Sie vertrauen in Gott, in sich selbst und
ihre Intuition, in andere Menschen, in das Leben. Sie können sich
begeistern und haben nie das Staunen verlernt. Und sie haben nicht
verlernt, Fragen zu stellen. Wie sehr möchte ich gerade Letzteres
von ihnen lernen.

Doch bleiben wir noch bei dem Kindsein der alten Leute, das
ich einmal ganz praktisch erlebte. Während unserer ersten Jahre in
Krefeld unternehmen mein Mann und ich mit den Senioren unserer Gemeinde einen Ausflug in einen botanischen Park nahe der
niederländischen Grenze. Auf dem Rückweg machen wir Halt an
einem Restaurant, zu dem ein schöner Naturspielplatz gehört. Es ist
ein Werktag und deshalb nichts los. Weit und breit ist kein Kind zu
sehen. Ich weiß nicht, wer oder was den Anstoß gibt, aber irgendwann befinden sich einige der Senioren auf einem Klettergerüst.

Ich klinke mich sofort ein. Und nach und nach probieren wir
alles Mögliche aus, auch die Rutsche. Wie viel Spaß und Freude
macht das! Wie eine ausgelassene Rasselbande erkunden die Senioren den Spielplatz.

Dieses Erlebnis liegt inzwischen über zwanzig Jahre zurück und ist mir trotzdem immer noch präsent. Der Liedermacher Gerhard Schöne hat ein herrliches Lied zu diesem Thema geschrieben: »Die Alte auf der Schaukel«. Das Lied handelt von einer alten Dame und einem kleinen Mädchen, die auf einem Spielplatz zusammentreffen. Die Seniorin sitzt auf einer Bank, die Kleine schaukelt. Plötzlich ruft das Mädchen, so heißt es im Refrain:

Oma, willst du schaukeln,
dann gebe ich dir Schwung.

Ja, komm und gib mir Schwung, mein Herz,
dann werd ich wieder jung![47]

Die Kleine schiebt sie erst sehr sachte, dann mutiger an. Der alten Frau ist zuerst etwas mulmig zumute. Wenn jetzt jemand kommt, was wird er denken? Er wird sie für verrückt erklären und womöglich sogar die Polizei rufen. Doch schließlich lässt sie sich in diesen Rausch fallen, taucht ein in Erinnerungen an frühere Zeiten.

Ein herrliches Lied! Es zeigt, dass bis ins hohe Alter eine Sehnsucht nach Kindsein in uns steckt, nach Spontaneität, nach dem Genuss des Augenblicks und nach Lebendigkeit.

Menschen, die in ihren Möglichkeiten, ob aufgrund ihres Alters, körperlich oder geistig, eingeschränkt sind, verstehen es manchmal besser, »ihr Kindsein« zu leben. Deshalb können wir von ihnen lernen.

Behinderte Menschen

Ich bin auf dem Weg von der Stadt nach Hause und sitze in einem überfüllten Bus. Es ist heiß und stickig. Die Fahrgäste wirken angespannt und müde. Mittendrin sind zwei junge Männer, denen es anscheinend richtig gut geht. Man sieht beiden ihre geistige Behinderung deutlich an, der eine sitzt obendrein in einem Rollstuhl und ich vermute, dass er Spastiker ist. Die beiden bilden einen absoluten Kontrast zum »Programm« der übrigen Fahrgäste. Sie lachen und albern herum und freuen sich ganz offensichtlich ihres Lebens. Der Stehende neckt seinen Kameraden im Rollstuhl, indem er ihn sachte knufft und pufft, worauf der jedes Mal in lautes Gelächter ausbricht. Dabei läuft ihm Speichel über das Kinn.

Ich sehe manchen Fahrgästen an, dass sie genervt sind. Auch mir geht es so, da ich müde bin und eigentlich nur noch nach Hause will. Und doch bin ich gleichzeitig fasziniert und kann meinen Blick nicht von diesen jungen Männern wenden.

Plötzlich ist da eine zarte und leise Stimme in mir: »Was würdest du sagen, wenn es genau umgekehrt wäre? Wenn das, was die beiden hier erleben, das eigentlich Wichtige wäre, das, was wirklich zählt? Ich bin mir in diesem Augenblick sicher, dass es Gott ist, der zu mir spricht. Und mir wird bewusst: Das ist ein kleiner Blick in Gottes Reich, das sogenannte Himmelreich, von dem so oft im Neuen Testament die Rede ist und von dem Jesus in der Bergpredigt sagt, dass es denen gehört, die reinen Herzens sind. So sind die beiden »Störenfriede« zu meinen Lehrern geworden. Mein Blick ist in die Tiefe gegangen.

Wenn wir lebendig sein wollen, brauchen wir tatsächlich diesen tieferen Blick, und den erreichen wir kurioserweise nicht durch Fixieren, sondern durch Loslassen.

Loslassen

Erinnern Sie sich noch an die 3-D-Bilder in Form von Karten oder Büchern, die man nur bei einem genaueren Blick erkennen konnte? Sie sind längst überholt. Heute sind 3-D-Filme mit dazugehörigen 3-D-Brillen angesagt. Doch eine Zeit lang waren sie der Renner, in allen Bücherregalen und Postkartenständern konnte man sie finden. Auch für mich waren sie damals ganz neu und aufregend.

Schon beim oberflächlichen Betrachten sind diese Bilder sehenswert. Doch die eigentliche Schönheit entdeckt man erst, wenn man tief in das Bild hineinschaut. Das braucht Zeit und ist zuerst gar nicht so einfach. Es gibt keinen wirklichen Trick. Der einzige Weg ist das Loslassen. Man muss aufhören, mit den Augen etwas zu fixieren. Der Blick geht quasi ins Leere, so wie es manchmal ganz von allein passiert, wenn wir müde sind. Als Kind habe ich das oft erlebt, allerdings immer mit der Ermahnung, dass es nicht gut für die Augen sei. Hier ist es nun ein nötiger Weg. Erst wenn die Augen loslassen, ergibt sich plötzlich ein ganz neues Bild, das in der Tiefe verborgen war.

Spiritualität ist genau das. Sie hat eine tiefere Dimension. Sie ist eine Ebene, die sich unserer Kontrolle entzieht. Alle Erlebnisse, von denen ich im letzten Kapitel berichtet habe, liegen auf dieser Ebene. Sie sind nicht kontrollierbar, nicht vorhersehbar. Es geht darum, ganz im Hier und Jetzt zu sein und das Geschenk des Augenblicks anzunehmen. Kinder sind von Natur aus empfänglich dafür, ebenso viele Menschen mit Behinderungen. Alte Leute haben gar keine andere Wahl, als Dinge loszulassen. Sie sind eingeschränkt in ihrer Leistungsfähigkeit. Das Leben wird mehr und mehr begrenzt. Wie oft berichten mir Menschen, dass sie nach einer Krankheit oder einer Lebenskrise einen ganz neuen Blick auf das Leben bekommen haben, dass sie nun lernen, im Hier und Jetzt zu leben, und dankbar für jeden Augenblick zu werden. Das ist wirkliche Weisheit.

Wir erlebten das einmal sehr plastisch und auf eine lustige Weise in einer Lehrstunde der ganz besonderen Art.

Mein Uhrenerlebnis

Zum Erntedankfest predige ich in einer Freikirche. Das Thema lautet: »Zur richtigen Zeit am richtigen Ort«. Am Ende der Predigt kommt mir der Impuls, die Gottesdienstbesucher einzuladen, ihre Armbanduhren auf den Erntedanktisch zu legen, sozusagen als Symbol, unsere Zeit als ein Geschenk zu begreifen und im Vertrauen auf Gott loszulassen. Für mich unerwartet strömen die Leute tatsächlich nach vorn und geben ihre Uhren ab.

Allerdings dauert der Gottesdienst noch eine gute halbe Stunde, denn wir feiern heute das Abendmahl. So beobachte ich von meinem Platz aus, dass Einzelne immer wieder auf ihr Handgelenk schauen, um zu erkunden, wie spät es ist. »Ach, ja, die Uhr ist ja nicht da!« Mir selbst geht es ebenso, denn auch ich habe meine Uhr abgelegt. Vor allem der Verantwortliche des Gottesdienstes schaut auffallend oft auf die nicht vorhandene Uhr an seinem Handgelenk und scheint mehr und mehr beunruhigt zu sein. Eigentlich müsste er ja nur zum Erntedanktisch gehen. Dort sind Uhren in ausreichender Menge vorhanden. Das aber traut er sich wohl nicht, denn es wäre für die Symbolik kontraproduktiv. Später erzählt er mir, dass er drauf und dran gewesen sei, in den Raum zu fragen, ob noch irgendjemand seine Uhr behalten habe und ihm sagen könne, wie spät es ist.

Dieses Uhrenerlebnis war eine sehr lehrreiche, realitätsnahe Erfahrung, die uns zeigt, wie schwer wir uns mit dem Loslassen tun. Wir müssen das Leben »auf der Wiese« tatsächlich einüben, das, wonach wir uns eigentlich sehnen: die Freiheit.

Das folgende Lied von Clemens Bittlinger trifft genau den Punkt und zeigt den Weg in diese Freiheit auf.

Halte die Freiheit im Spiel

Halte die Freiheit im Spiel,
schenk deinen Träumen doch Flügel.
Grüble und wühl nicht so viel, zieh nicht so eng deine Zügel.
Liebe und zieh mit dem Wind über den Horizont.
Suche und finde das Kind, das in deinem Herzen wohnt.

Halte die Freiheit im Spiel, atme durch und dabei
erwarte nicht gleich zu viel, sonst sind wir nicht mehr frei.
Lebe und zieh mit dem Wind über den Horizont.
Suche und finde das Kind, das in deinem Herzen wohnt.

Halte die Freiheit im Spiel, Schöpfung atmet im Hauch.
Spür, das ersehnte Ziel kribbelt und kommt aus dem Bauch.

Lebe und zieh mit dem Wind über den Horizont.
Suche und finde das Kind, das in deinem Lächeln wohnt.[48]

Ich finde es wunderbar, dass es für dieses Sich-auf-die-Suche-Machen keinerlei Altersbegrenzung gibt. Der richtige Zeitpunkt ist gerade jetzt.

In jeder Lebensphase ich selbst?

Ich habe von alten Menschen berichtet, die sich ihr Kindsein erhalten oder es neu gewonnen haben. Doch ich habe auch andere Erfahrungen gemacht, die mich bedrücken und traurig machen. Es gibt alte Menschen, die verbittert sind und alles, was früher war, für besser halten. Bei manchen alten Menschen bekommt man den Eindruck, als wollten sie die Welt vor ihrem Abschied noch einmal zurechtrücken. Sie treten als ständige Warner und Mahner auf und sehen und betonen vor allem das Negative. Verstehen Sie mich nicht falsch, ich schätze die Weisheit der Alten sehr und halte es für ungeheuer wichtig und hilfreich, wenn sie uns an ihrem Erfahrungsschatz teilhaben lassen. Auch glaube ich durchaus, dass es gut und richtig ist, bis ins hohe Alter auf Dinge hinzuweisen, die falsch laufen, und die Wahrheit klar zu benennen. Und doch gibt es alte Leute, die irgendwie getrieben wirken, so als würde ihnen die Zeit davonlaufen, als müssten sie die noch verbleibenden Jahre bis zum Letzten ausfüllen, um ihre Meinung kundzutun, als müssten sie dieser Zeit noch ihren Stempel aufdrücken. Damit bedrücken und belasten sie auch manches Mal.

Ich selbst gehöre ja mit meinen 63 Jahren ebenfalls zur Gruppe der Senioren, obwohl mir das Wort bisher kaum über die Lippen kommt. Und ich frage mich: Was ist mir wichtig, wie will ich meine verbleibende Zeit verbringen?

Eines weiß ich auf jeden Fall: Ich möchte bis zum letzten Atemzug eine Mutmacherin sein. Und ich möchte Bereiche loslassen können, für die ich nicht mehr zuständig bin.

Wie schlimm es ist, wenn dies nicht geschieht, haben mein Mann und ich einmal mitbekommen. Der Leiter eines Freizeithauses für Jugendliche räumt aus Altersgründen seinen Posten für jüngere Neuanfänger. Über Jahre hinweg mischt er sich ein und gibt unerbetene Ratschläge, kritisiert und dirigiert aus der Entfernung immer noch. Seinen Nachfolgern macht er damit das Leben schwer.

Doch es geht auch anders: 1983 tritt mein Mann, noch jung und unerfahren, seine erste Pastorenstelle in einem ländlichen Gebiet an. Insgesamt zehn Gemeinden gehörten zu einer Pastorenstelle; nun wird das Gebiet aufgeteilt, da es viel zu groß ist, und der alte Pastor gibt die Hälfte des Gebietes an meinen Mann ab. Er soll meinen Mann in seinen Dienst einweisen, fungiert also als sein Mentor. Wir beide können uns glücklich schätzen, diesen Mentor an unserer Seite zu haben, einen Mensch, der in all seinen Dienstjahren mit ihren Höhen und Tiefen ganz er selbst geblieben ist. Er lässt uns machen, ist aber gern zur Stelle, wenn wir nicht weiterwissen. Er ist in positivem Sinne auch ein Kind geblieben und hat, wie man so schön sagt, Flausen im Kopf. Für unsere schwierige Anfangszeit ist er vor allem ein väterlicher Freund und ein Mutmacher durch und durch. Er hat uns nie be-, sondern immer entlastet, vor allem durch das, was er selbst war, ein Vorbild, ein erwachsenes, weises, immer noch staunendes Kind mit einem kindlichen Gottvertrauen, für uns damals ein wirkliches Geschenk! Dieser Pastor hat losgelassen, die ersten »Gehversuche« meines Mannes begleitet und sich an seinem »Erfolg« gefreut.

Fragen:

- Halte ich etwas fest, was eigentlich nicht (mehr) in meinem Zuständigkeitsbereich liegt?
- Was könnte passieren, wenn ich diesen Bereich loslasse?
- Bin ich in meiner jetzigen Lebensphase angekommen oder trauere ich einer vergangenen nach?

»Auf dem Wasser gehen«

Tatsächlich hat Loslassen mit Kontrollverlust zu tun. Damit birgt es auch immer ein Risiko. Leben ohne Risiko gibt es nicht. Nur so kann Vertrauen wachsen.

Von der Lyrikerin Hilde Domin stammt der Satz: »Ich setzte den Fuß in die Luft, und sie trug.«[49]

In der Bibel wird uns die Geschichte von Petrus erzählt, der seinen Fuß auf ein anderes Element, das Wasser, setzt, nachdem Jesus ihm dazu Mut gemacht hat. Dieses Wasser trägt ihn, solange er vertraut (Matthäus 14,22-33).

Loslassen hat also mit Vertrauen zu tun. Wir lassen los und begeben uns auf unsicheres Terrain im Vertrauen darauf, dass wir getragen werden.

Um das Loslassen zu lernen, brauchen wir Auszeiten zum Auf- und Durchatmen und Nachdenken, Beten und Meditieren. Immer mehr Menschen suchen solche Zeiten und Orte und führen zum Beispiel sogenannte Exerzitien (geistliche Übungen) in einem Kloster durch.

Als wir in Krefeld wohnten, begannen auch wir irgendwann mit Freizeiten der Stille. Beim ersten Mal erleben wir mit einer kleinen, überschaubaren Gruppe ein Wochenende in einem Kloster am Niederrhein. Damit es nicht gleich zu heftig wird, verbringen wir nur die Zeit am Samstag vom Frühstück bis zum Abendessen schweigend miteinander.

Das erste Wochenende birgt einige Überraschungen und läuft alles andere als rund. Ein Teilnehmer reist vorzeitig ab. Eine andere Teilnehmerin rebelliert und findet das alles nur albern und blöd. Bei der nächsten bewirkt es geradezu das Gegenteil. Anstatt zur Ruhe zu finden, schreit es laut in ihr, und sie wird von negativen Gedanken heimgesucht. Und ich, die ich mit in der Verantwortung stehe, werde am Nachmittag von einem heftigen Fieberschub erfasst. Da geht nichts mehr, ich kann nur noch im Bett liegen. Während dieser aufgezwungenen Ruhepause frage ich mich, ob wir das alles mit zu viel Naivität geplant haben. Da taucht vor meinen inneren Augen eine Teilnehmerin auf, eine tiefgläubige Frau, die leidenschaftlich gern betet. In diesem Augenblick wird mir klar: Diese Frau sollte jetzt für mich beten. Ich spreche mit meinem Mann darüber. Doch alle sind unterwegs. Wie soll er die Frau jetzt finden? Wir müssen wohl bis zum Abend warten. »Wenn ich sie sehe, werde ich sie fragen«, sagt er und verschwindet aus dem Zimmer. Es dauert nicht lange, da klopft es an der Tür, und eben diese Frau kommt herein, doch nicht von meinem Mann, sondern geradewegs von Gott geschickt. Das ist nicht übertrieben, denn sie erklärt mir, sie habe plötzlich den Impuls bekommen, mich aufzusuchen, und das, obwohl sie nichts von meinem Zustand wusste. Wir stellen fest, dass wir beide genau zur selben Zeit diesen Gedanken hatten.

Die Frau legt mir segnend die Hände auf und bittet Gott um Heilung. Das Fieber ist augenblicklich verschwunden. Noch am selben Abend ziehe ich mich an und zeige mich wieder, voll präsent und quietschfidel.

Das mag sich auch psychologisch erklären lassen, aber das ist für mich nicht wichtig. Warum sollten diese Dinge nicht zusammenspielen? Für mich steht fest, da ist etwas passiert, was außerhalb unseres Machbaren und Kontrollierbaren liegt und einer höheren Kompetenz zuzurechnen ist.

Später erlebten wir auch zwischendurch und an unterschiedlichen Orten kürzere Zeiten der Stille und des Schweigens.

An einem dieser Abende sitzen wir in der kleinen Kapelle eines Hospizes. Wir sind nur wenige und haben uns im Raum verteilt. Es ist ein angenehmes und auch eigenartiges Gefühl. Man ist in einer Gemeinschaft und doch mit sich allein. Ich schaue mich in der kleinen, schlichten Kapelle um, sehe die anderen, wie sie zum Teil in ein Heft schreiben, in sich versunken einfach nur dasitzen oder auch langsam durch die Kapelle wandern.

Da fällt mein Blick auf die bunten Glasfenster, die sich am oberen Rand der Kapelle, dicht unter der Decke aneinanderreihen. Besser gesagt, ich weiß, dass es sich dabei um bunte Glasfenster handelt, sehen kann ich ihre Farben nicht, denn draußen ist es bereits dunkel geworden. Deshalb wirken die Fenster von innen nur schwarz. Ich stelle mir vor, wie in diesem Augenblick Menschen vorübergehen. Für sie ist es anders. Sie können die bunten, prachtvollen Farben sehen. Die Fenster leuchten klar und hell nach außen, sichtbar für alle, die hinschauen. Plötzlich steigt ein anderer Gedanke in mir auf. Ich stelle mir vor, ich selbst sei ein solches Fenster, transparent nach außen und für alle sichtbar, die es sehen wollen. Mit diesen Gedanken vermischen sich verschiedenste Gefühle und Erinnerungen: die alte Scham, mich zu zeigen, der alte Druck, mich als Christ zu outen und bei allen Möglichkeiten »Zeugnis zu sein« und der Unwille, dies zu tun, der Wunsch, mich stattdessen lieber zu verkriechen.

Doch plötzlich ist da ein neuer Gedanke, der meine bisherige Auffassung auf den Kopf stellt und geradezu befreiend auf mich wirkt. Ich muss mich nicht zeigen. Es geht ganz von selbst. Gott zeigt mich. Diese neue Erkenntnis mündet sogar in ein Gebet: »Jesus, du darfst mich zeigen. Ich erlaube es dir.« Ich spüre ein Gefühl der Freiheit und Erleichterung in mir aufsteigen, denn mir wird plötzlich die Umkehrung bewusst, die in diesem Gebet liegt. Nicht ich muss den anderen Gott zeigen, sondern Gott zeigt mich. Und damit zeigt sich Gott ganz selbstverständlich selbst. In der Gesegneten zeigt sich der segnende Gott. Das entspricht dem Bild des Kaskadenbrunnens und widerspricht allem perfektionistischen Denken.

Damals hatte ich keine Ahnung, was dieses Gebet für mich konkret bedeuten könnte. Heute verstehe ich es besser. Vieles hat sich nach diesem Erlebnis einfach ergeben bis hin zu meinem Buch »Im Käfig der Angst – Missbrauch in der heilen Welt.« Ohne diese göttlichen Ermutigungen hätte ich mich niemals getraut, mich mit meiner Geschichte den Urteilen der Menschen auszusetzen.

Grundsätzlich gibt es drei verschiedene Reaktionen auf das Buch: Viele bedanken sich und fühlen sich ermutigt. Einige halten es für grundsätzlich falsch, mit solchen Details an die Öffentlichkeit zu gehen, und bezeichnen mich als Nestbeschmutzerin. Andere wiederum werfen mir vor, zu versöhnlich zu sein und einen zu simplen Weg der Heilung aufzuzeigen. Ich verstehe diese Argumente. Sie wären auch durchaus berechtigt, wenn ich meine Geschichte als Allheilmethode verkaufen würde. Doch es ist eben nur meine Geschichte. Die kann und will ich nicht neu schreiben. Sie hat sich ereignet, wie sie sich nun mal ereignet hat, und gehört so, wie sie ist, zu mir. Ich sage also nicht: »Schaut her, so muss man es machen, so ist es richtig«, sondern: »So war es bei mir.«

Wir sind so schnell geneigt, etwas festzuschreiben und in Beton zu gießen. Dabei ist es viel besser, den Mut und den Respekt aufzubringen, unsere Geschichten stehen zu lassen. Jeder Mensch hat seine persönliche Geschichte und ein ausdrückliches Recht darauf. Keine dieser Geschichten darf einen Absolutheitsanspruch annehmen. Wir sind Menschen mit unterschiedlichsten Erfahrungen, Empfindungen und Bedürfnissen. Deshalb trifft auch keine Heilmethode auf alle zu und es ist gut, einem Weg der Intuition zu folgen.

Intuition

In meiner Arbeit als Therapeutin habe ich gelernt, intuitiv zu entscheiden. Ich gehe nicht mit einer bestimmten Methode vor, die ich wie mit einer Gießkanne auf alle Klienten ausschütte. Das lateinische Verb »intueri« bedeutet »anschauen, betrachten«.[50] Intuition ist also die unmittelbare Anschauung, ohne den diskursiven Weg des Verstandes zu nutzen. Einfacher gesagt, ich schöpfe aus einem inneren Reichtum und versuche, zu erspüren, was in der jeweiligen Situation für die Betreffenden »dran« ist.

Unser erlerntes Wissen kann dabei manchmal hinderlich sein. Experten tun sich besonders schwer mit dem Weg der Intuition – das ist meine Erfahrung auf verschiedensten Ebenen. Das erlernte, theoretische Wissen kann uns im Weg stehen. Um das zu vermeiden, sollten wir nicht etwa aufhören, uns fundamentales Wissen anzueignen, sondern unser Wissen und unsere Professionalität den

Bedürfnissen der Menschen unterordnen, denn die Menschen sind es doch, um die es geht. Der intuitive Weg setzt genau hier an.

Dazu ist es notwendig, mit mir selbst in Kontakt zu sein. Ich habe sogar die Erfahrung gemacht, dass es schiefläuft, sobald ich diesen Weg der Intuition verlasse, also nicht mehr mit mir selbst in Kontakt bin.

Das kann schon bei ganz einfachen Dingen passieren, wie zum Beispiel bei der Auswahl eines Musikstücks in der tanztherapeutischen Arbeit. Wie oft habe ich mir den Kopf zerbrochen, welche Musik die Menschen bei dieser oder jener Erlebniseinheit brauchen könnten. Was entspricht ihrem Alter, ihrer Herkunft usw.? Völlig verkrampft habe ich dann etwas ausgewählt, was mir nicht entspricht, ja, mir nicht einmal gefällt.

Erspüre ich aber, was ich selbst in dieser Situation brauchen, was mich erreichen würde, liege ich meistens richtig. So habe ich es selbst schon bei Kindern oder Jugendlichen erlebt. Meine Auswahl entsprach nicht immer ihrem Musikstil, trotzdem wurden sie von ihr angesprochen und berührt.

Es gibt eine einfache Erklärung dafür. Bin ich im Kontakt mit mir und gehe den Weg der Intuition, kommt die Entscheidung aus dem Herzen. Sie ist stimmig und erreicht deshalb auch das Herz des anderen. Ganz beim anderen zu sein, setzt voraus, ganz bei mir selbst zu sein. Es klingt paradox und doch ist es so.

Intuition hat insofern mit Spiritualität zu tun, als es auch hier um Beziehung und Kontakt geht. Kontakt zu uns selbst, Kontakt zu dem anderen und zu »etwas, was größer ist als wir und auf das wir uns gründen«[51], um es mit John Bradshaw zu sagen.

Hier möchte ich noch einmal einen kleinen Exkurs in unsere christliche Welt wagen. Im Blick auf das missionarische Leben einer Gemeinde gab es – zumindest früher – oft den Leitsatz:

»Der Köder muss dem Fisch und nicht dem Angler schmecken.« Das heißt, willst du Menschen erreichen, schau nicht auf das, was dir gefällt, sondern auf das, was der Zielgruppe entspricht. Die gesamte Werbebranche arbeitet mit diesem Grundsatz.

Allerdings tue ich mich äußerst schwer mit dem Vergleich eines Köders. Nun könnte man einwenden, dass Jesus selbst schließlich das Beispiel des »Menschenfischers« gebraucht hat (Lukas 5,1-11). Dabei sollten wir aber bedenken, dass er es im Gespräch mit einem Berufsfischer getan hat; da bietet sich dieser Vergleich natürlich an. Einen Köder hat Jesus dabei nicht erwähnt, nur das Auswerfen der Netze am hellen Tag, übrigens entgegen allem Expertenwissen.

Der intuitive Weg bedeutet also nicht in erster Linie, ein Ziel zu verfolgen, die passende Methode anzuwenden oder das richtige Know-how zu haben, sondern vor allem in Kontakt zu sein, in Kontakt mit mir selbst und mit dem anderen.

Fragen:

- Traue ich meiner Intuition?
- Was steht mir möglicherweise im Weg, um mich auf meine Intuition zu verlassen?

Inspiration

Auch die Inspiration ist ein Weg der Spiritualität.

Einmal bin ich dabei, mein Equipment für einen Supervisionsabend in der Volkshochschule zusammenzusuchen. Zielgruppe dieses Kurses sind Menschen aus sozialen Berufen. Ich habe diese Kurse schon öfter durchgeführt und mittlerweile eine gewisse Routine bekommen, auch ist es nicht der erste Abend in dieser Gruppe. Doch heute ist etwas anders. Ich kann es nicht erklären, ich spüre es einfach. Es ist ein inneres Empfinden, dass sich heute etwas ereignen wird, das aus dem Rahmen fällt.

Als ich mit meinen Sachen im Bus sitze, bin ich unaufhörlich damit beschäftigt, zu beten. Das ist nun durchaus nichts Ungewöhnliches. Es ist meine Gewohnheit, vor einem Seminar, einer Beratung etc. Gott um Hilfe zu bitten. Doch hier und jetzt geschieht es eher unbewusst. Ich entscheide mich nicht dafür, sondern »erwache« immer wieder überrascht aus einem Gebet. Es ist auch kein bestimmter Text, den ich bete, sondern es sind mir unbekannte Worte. Es betet quasi in mir, nicht laut, nicht zu hören für die anderen, eher in meinen Gedanken. Was ist heute los, frage ich mich? Irgendwie spüre ich, dass ich auf etwas vorbereitet werde und so entschließe ich mich, achtsam, auf Empfang gestellt, in diesen Abend zu gehen.

Bei meiner Ankunft in der VHS und während des Kurses gerät mein Bus-Erlebnis in Vergessenheit. Doch dann passiert tatsächlich etwas Unvorhergesehenes. Während einer kreativen Einheit bricht eine Frau in Tränen aus. Sie erzählt, dass sie plötzlich an einen Voodoozauber aus ihrer Vergangenheit erinnert wird, durch den man Flüche über ihr Leben ausgesprochen hat. In diesem Augenblick ist das Erlebte aus dem Bus und während der Vorbereitung in mir wieder ganz präsent. Die Gebete der Busfahrt legen sich wie ein schützender Mantel um meine Schultern und geben mir eine tiefe innere Sicherheit bei dem, was ich jetzt tue. So biete ich der Frau an, hier und jetzt für sie zu beten. »Ja gern«, ist ihre Antwort. Die anderen stellen sich mit dazu. »Ist es dir recht, wenn ich zu Jesus bete«, frage ich sie. »Ja, das ist okay!« Es ist ein erhebender Augenblick in einem äußerst ungewöhnlichen Ambiente. Die Frau verlässt den Kurs tief berührt. Beim nächsten Mal erzählt sie von Veränderungen. Sie hat eine leise Ahnung davon bekommen, dass es da einen Jemand gibt, dem sie wichtig ist.

Wäre ich nicht in dieser Weise darauf vorbereitet worden, hätte ich vermutlich anders reagiert. In einem Kurs der Volkshochschule würde ich normalerweise – mit Ausnahme des Abschlusssegens – nicht beten, denn sie ist ein neutraler Ort und als Dozentin darf ich keine religiöse Richtung vermitteln. Doch mein »Gebetsmantel« gab mir Sicherheit und Freiheit, genau das zu tun. Hier bin ich zwar zu guter Letzt auch meiner Intuition gefolgt, wurde aber vorher inspiriert, ohne auch nur zu ahnen, was auf mich zukommen würde.

Martin Schleske nennt in seinem Buch »Herztöne – Lauschen auf den Klang des Lebens« vier Wege der Erkenntnis: Ratio, Empirie, Intuition und Inspiration.

»Wie die Intuition aus dem ganzen Reichtum und der Schönheit des Selbstvertrauens schöpft, so schöpft die Inspiration aus einer inneren Armut. Sie weiß: Ich habe nichts, es sei denn ich empfange.«[52]

Empfangen ist das Wesen des Glaubens und der Spiritualität. Hier ist ja das Wort Spiritus für Geist wiederzufinden. Das lateinische Wort »spirare« bedeutet »hauchen«, »atmen«. »Inspirieren« heißt also so viel wie »einhauchen« oder »einatmen«.[53] Es geht um das Empfangen. Den Spiritus (Heiligen Geist), die Ruach, das Wasser des Lebens, ja den Glauben selbst können wir nur empfangen, wie ein Geschenk. Wir können all das nicht machen, nicht herstellen, nicht durch Leistung oder Wissen erwerben. Sobald wir es kaufen, verdienen, erzwingen wollen, hört es auf, Geschenk zu sein und verliert seinen Wert.

In meinen Seminaren »Tanz & Spiritualität« stelle ich mich als Christin vor, betone aber ausdrücklich, dass alle mit ihren Gottesvorstellungen und Glaubensrichtungen willkommen sind. Da ich als Christin den Kurs leite, ist es nur natürlich, dass ich ihn von meiner Warte aus mit christlichem Inhalt fülle. Dabei respektiere ich den Glauben der anderen und erlaube mir nicht, ihn zurechtzurücken, nicht mal in Gedanken. Nur auf diesem Boden gegenseitiger Akzeptanz und Wertschätzung sind wir bereit, uns auf etwas Neues einzulassen. So begebe ich mich mit den Teilnehmerinnen und Teilnehmern auf einen gemeinsamen Weg des Erlebens im festen Vertrauen darauf, dass Gott uns begegnet, denn genau das ist es, was wir brauchen.

In einem dieser Seminare geht es um das christliche Symbol, das Kreuz, unter dem Thema: »Wie im Himmel, so auf Erden«. Das ist ein bekanntes Zitat aus dem Vaterunser-Gebet (Matthäus 6,9-13).

Wir bewegen uns zunächst auf der vertikalen Achse, oben und unten, erleben es körperlich, das Oben, die Weite des Himmels und das Unten, die Erde, die Schwerkraft, den Boden. Wir nehmen die Verbindung innerhalb unseres Körpers durch die Wirbelsäule wahr. Dann wenden wir uns der horizontalen Achse zu, die Verbindung zu unseren Mitmenschen. Schließlich kommen wir auf die Berührung dieser beiden Achsen, auf den Punkt, wo Vertikale und Horizontale aufeinandertreffen. Die Teilnehmerinnen erspüren, wo und wie sie diesen Ort wahrnehmen und empfinden. Sie gebrauchen Worte wie »Zentrum meiner selbst, die eigene Mitte, Ort der Verwundung, die Stelle, wo der Schmerz sitzt«.

Das finde ich höchst spannend. Es erinnert mich an den zentralen Ort und das Innere Kind. An diesem Ort trifft das Göttliche auf das Menschliche, der Himmel auf die Erde, Gott auf den Menschen. Dieses Symbol der Christen, das Kreuz, bedeutet mir persönlich sehr viel. Es ist für mich ein Symbol der Hoffnung und der grenzenlosen Liebe Gottes zu den Menschen.

Fragen:

- Ist mir schon einmal plötzlich ein Gedanke, ein Eindruck oder ein Vers in den Sinn gekommen, bei dem ich geahnt habe, dass er nicht von mir kommt?
- Könnte er von Gott gekommen sein?

Lebendig

Was schreibe ich nun im letzten Kapitel dieses Buches? Womit will ich es abschließen? Ich wünsche mir und Ihnen ein lebendiges Ich.

Ein lebendiges Ich – das klingt positiv, und wir wünschen uns alle irgendwie, lebendig zu sein. Doch Lebendigkeit hat auch ihren Preis. 1984 sang Udo Jürgens für seine fast erwachsene Tochter Jenny: »Ich wünsch dir Liebe ohne Leiden.«[54] Doch genauso wenig, wie es Leben und Lebendigkeit ohne Schmerzen und Trauer gibt, gibt es Liebe ohne Leiden.

Nach dem Erzählen meiner Geschichte haben mich immer wieder Menschen gefragt: »Wie machst du das, dass jetzt alles gut ist?«

Es ist auch jetzt nicht immer alles gut. Keineswegs läuft alles rund. Die Narben sind da, sie schmerzen manches Mal. Gelegentlich habe ich das Gefühl, wieder am Anfang zu stehen oder mich im Kreis zu bewegen und nicht von der Stelle zu kommen. Da sind plötzlich wieder die alten Gefühle haushoch und mächtig in mir. Da ist die lähmende Angst, und ich habe das Gefühl, alles war sprichwörtlich für die Katz.

In diesem Buch geht es um Lebendig-Sein, Ganz-Werden, um ein gestärktes, echtes, authentisches Ich. Ein lebendiges Ich fühlt, und wer fühlt, empfindet auch Trauer und Schmerz.

Gerhard Schöne hat einen wunderbaren und treffenden Text geschrieben, der es auf den Punkt bringt. Wir können nach außen lebendig und innen trotzdem tot sein, doch das Lied verdeutlicht auch, was Lebendigkeit bedeutet.

Lebendig tot

Manchmal ist man nicht erst tot,
wenn das Herz aufhört zu schlagen,
wenn sie einen auf der Bahre in den Kühlraum tragen,
nicht erst, wenn die Hand das letzte Mal ins Leere krallt,
nicht erst, wenn 'ne Schaufel Erde auf den Sargdeckel knallt.

Vielleicht ist man längst schon tot,
obwohl man noch spazieren geht,
eigentlich schon unterm Rasen,
obwohl man noch Rasen mäht,
an der Fernbedienung spielt, sich mit Sonnenöl einreibt,
noch Geburtstagskarten kriegt
und selbst Geburtstagskarten schreibt.

Nur noch leere Muschel, nur noch schöner Schein.
Ist das nicht das Schlimmste, lebendig tot zu sein?

Wenn man mitkriegt, dass man tot ist,
muss man laut um Hilfe schrei'n.
Manchmal haucht dann Gott persönlich einem
noch mal Leben ein.
Manchmal schickt er einen Engel,
der die Herzmassage macht,
bis die Tränen wieder fließen und das Herz im Leibe lacht.

Oh, das ist das größte Wunder, wenn ein Toter aufersteht,
wenn die Leichenstarre endet und in Leben übergeht,
wenn die Brust vor Schmerz und Freude,
Glück und Trauer wieder bebt,
wenn die Augen wieder schauen und das Antlitz wieder lebt.

Sanfte, weiche Muschel, heller Lichterschein.
Ist das nicht das Größte, vom Tod erwacht zu sein?[55]

Gefühle zuzulassen ist manchmal sehr schwer. Trotz der Anstrengung scheint es deshalb einfacher, auf der Rennbahn unterwegs zu sein, nach außen zu funktionieren und das Ungeliebte im Stall zu lassen. Das schützt mich ja gerade vor dem Erleben meiner Gefühle. Doch wenn ein Herz Freude empfinden soll und darf, wird es auch Trauer und Wut empfinden, andernfalls wäre es nicht lebendig. Ein weiches Herz ist ein verletzbares Herz. Dennoch lohnt es sich, auch unter diesem Risiko, sein Herz zu öffnen.

Nach meiner Gottesbeziehung werde ich ebenfalls oft gefragt, zum Beispiel: »Ist dein Glaube nun so sicher, dass du keine Fragen und Zweifel mehr hast?« Nein, ganz sicher nicht. Ich habe Zweifel, verstehe Gott oft nicht und bringe ihm meine »Warum?«- und »Wie-lange-noch?«-Fragen.

Neulich erst unterhielt ich mich mit einem Pastor im Ruhestand. »Ich kann vieles nicht mehr so vollmundig sagen, wie ich das früher getan habe«, bekennt er mir. »Je älter ich werde, desto mehr

Fragen habe ich.« Da kann ich ihm nur zustimmen. Mir geht es ja genauso. Für jeden Topf hatte ich früher den passenden Deckel, zumindest war ich immer sehr bemüht, schnell eine Antwort parat zu haben. Gerade als Christ hatte ich Angst, dass durch Zweifel mein Glaube infrage gestellt werden könnte. Dabei glaube ich gar nicht mal, dass ich mich nur vor dem Urteil der anderen fürchtete, auch und vielleicht sogar noch mehr vor meinem eigenen Urteil.

Eine Frau wurde von einem Reporter gefragt, ob sie an Gott glaube. Ihre Antwort ist bei mir hängen geblieben, denn sie hat mich sehr beeindruckt. Sie sagte: »Ich zweifle an Gott, habe viele Fragen an ihn. Das beweist wohl, dass ich an ihn glaube!«

Zweifel als Indiz für den Glauben? Das ist ein interessanter Gedanke und, wie ich finde, nicht von der Hand zu weisen. Kann der, der nie gezweifelt hat, wirklich glauben?

Tatsächlich denke ich, dass Zweifel dazugehören. Sie sind schließlich ein Beweis dafür, dass wir denkende und fühlende Wesen, eben Menschen sind. Außerdem sind Zweifel eine hervorragende Grundlage, mit Gott und mit mir selbst im Gespräch zu sein und zu bleiben. Wer zweifelt, stellt Fragen, ist noch nicht fertig, zieht nicht einfach seine Schlüsse und wendet Gott den Rücken zu. Wer zweifelt, bleibt offen. Es besteht Hoffnung, eine Aussicht auf Antwort zur gegebenen Zeit.

Wie oft haben mir gerade zweifelnde Menschen geholfen, indem sie Fragen stellten, die ich durch meine religiöse Erziehung nie gestellt habe. Glaube ist lebendig, wenn er Fragen stellt, manches Mal an Gott zweifelt, ja, sogar an Gott leidet, weil er eben Gott ist und so ganz anders als wir, nicht verfügbar, nicht berechenbar.

Das erinnert mich an einen Besuch in einer Falknerei. Die großen, majestätischen Greifvögel faszinieren mich. Sie sind ausgestattet mit einer wahren Wundertechnik, wie beispielsweise einem Superzoom, von dem Fotografen nur träumen können. Der Uhu hat ein dreidimensionales Gehör, das ihn befähigt, ein dreißig bis vierzig Meter entferntes Ziel treffsicher anzusteuern, und sei es noch so winzig. Ich genieße es, wenn ich die Vögel für kurze Zeit aus der Nähe betrachten kann, bevor sie davonschweben und nur noch als kleiner Punkt am Horizont zu sehen sind. Bis zu 11 000 Meter kann sich ein Adler in die Höhe schwingen und trotzt dabei den hohen Minusgraden.

»Er entscheidet, wann und ob er zurückkommt«, kommentiert der Falkner, als wir auf die Rückkehr eines über uns kreisenden Falken warten.

Ebenso ist es mit Gott. »Bin ich nur ein Gott, der nahe ist, und nicht auch ein Gott, der ferne ist?«, so fragt Gott im Buch Jeremia (Kapitel 23,23). Dieses Wort richtet sich gegen sogenannte falsche Propheten, die im Namen Gottes Lügen verbreiten. Sie versuchen, Gott wie einen Kanarienvogel einzufangen und in einen Käfig zu stecken, um ihn als kleinen Taschengott verfügbar zu haben, in dessen Namen gesprochene Worte mehr Gewicht bekommen und dadurch wiederum Anerkennung bei den Menschen. Mit anderen Worten: Sie instrumentalisieren Gott, benutzen und missbrauchen ihn für ihre Zwecke. Wie oft passiert das leider auch heute noch! Manchmal ist es uns gar nicht bewusst, sondern nur aus unserem Wunsch nach Sicherheit gespeist.

Doch ganz ehrlich: Einem Gott, der verfügbar und damit auch manipulierbar wäre, könnte ich nicht vertrauen. Gott sei Dank ist Gott dies nicht. Deshalb übe ich mich darin, ihm zu vertrauen. Und genau deshalb sind Zweifel, Fragen und Glaubenserschütterungen nicht nur erlaubt, sondern ausdrücklich erwünscht und letztlich heilsam.

Wirklich hinzuhören, wenn ein Mensch seine Zweifel äußert, und ihn nicht gleich mit fertigen Antworten abzuspeisen, das ist Barmherzigkeit. Schnelle Antworten können manchmal die wirklichen Fragen verdrängen. Das gilt übrigens auch im Blick auf unsere eigenen Fragen und Zweifel. Denn alles, was die Beziehung zu den anderen ausmacht, gilt ja auch für die Beziehung zu uns selbst.

Ich mag die Geschichte von der Begegnung zwischen Jesus und Thomas, einem seiner Freunde, nachdem die anderen ihm erzählt haben, Jesus sei auferstanden. Der zweifelnde Thomas verlangt handfeste Beweise. Die Worte und Berichte der anderen reichen ihm nicht.

Schließlich steht er dem auferstandenen Jesus gegenüber. »Selig sind, die nicht sehen und doch glauben« (Johannes 20,29), sagt der zu ihm. Doch zuvor hält er ihm seine von Nägeln verwundeten und vernarbten Handflächen hin. Thomas darf sie ertasten. Er darf sie mit seinen eigenen Fingern erspüren. Das überzeugt und öffnet sein Herz für ein sehr kurzes und doch gehaltvolles Glaubensbekenntnis: »Mein Herr und mein Gott!« (Johannes 20,28).

Thomas ist als der »ungläubige Thomas« in die Geschichte eingegangen. Dieser Stempel wurde ihm für immer aufgedrückt. Er wird ihn nun nicht mehr los!

»Armer Thomas! Danke, Thomas! Nun hilfst du Zweifelnden wie mir und machst ihnen Mut.«

Sehen Sie, so ist das. Wir ermutigen nicht nur durch unsere Glanznummern und sichtbaren Erfolge – durch sie vielleicht am allerwenigsten. Wir ermutigen durch das, was wir sind: abgeschminkt, vernarbt und wunderschön!

SCHLUSSWORT UND DANK

Auch beim Schreiben dieses Buches war es gar nicht so einfach, mir selbst und meiner Art treu zu bleiben. Danke, Marcus, für deine Beharrlichkeit, deine Aufmunterungen und Hilfestellungen. Danke dir und Silke für das gute Gespräch, das den Boden zu diesem Buch gelegt hat.

Danke, Christiane Kathmann, du bist eine ausgezeichnete Lektorin.

Vielen Dank auch dir, Petra, für unseren tiefen und ehrlichen Austausch. Dein Vorwort ist ein Geschenk für mich.

Ich danke Siegi, meinem Mann, der mich unterstützt und immer wieder ermuntert hat, dieses Buch zu schreiben und dranzubleiben, wenn mich zwischendurch der Mut verließ.

Ja, ich danke auch meinem Hund Itthai, der sicher, wenn auch, ohne es zu verstehen, den Zeitaufwand und den damit verbundenen Druck gespürt hat. Außerdem ist er ein treuer Zulieferer immer neuer Geschichten.

Und natürlich danke ich besonders den Menschen, die mich, ob in der Beratung oder in anderen Begegnungen, mit ihren Geschichten beschenkt und bereichert haben.

Es ist auch ihr Buch!

ANHANG

Buchempfehlungen

Johanna Adam, Ursula Hauer: Keine Angst vor Gefühlen – Ein Praxisbuch. cap-books 2016.

Udo Baer und Gabriele Frick-Baer: Das ABC der Gefühle. Bibliothek der Gefühle, Band 1. 5. Auflage, Beltz Verlag 2013.

Udo Baer: Selbstfürsorge – Wie Helfende das Helfen gut überleben. Semnos 2016.

Michaela Huber: Der innere Garten – Ein achtsamer Weg zur persönlichen Veränderung (inkl. CD mit Übungen). 4. Auflage, Junfermann 2010.

Willy Weber: Entdecke das Kind in dir und werde erwachsen – Schritte zu einer reifen Persönlichkeit. 3. überarb. u. erw. Auflage, SCM Hänssler 2013.

Professionelle Hilfsangebote (Beratungsstellen)

Kreative Traumahilfe, Semnoszentrum Duisburg
Blumenstr. 54a, 47057 Duisburg
Fon: 0203 3635 2683
E-Mail: info@kreative-traumahilfe.de
www.kreative-traumahilfe.de

Leben im Kontext
Elisabethstr.16, 44 139 Dortmund
Fon: 0231 522 952
E-Mail: info@lebenimkontext.de
www.lebenimkontext.de

Werkstadt für Therapie und Bewegung
Anna-Schieber-Weg 20, 73 728 Esslingen
Fon: 0711 351 3798
E-Mail: kontakt@kreativtherapie.de
www.kreativtherapie.de

Anmerkungen

[1] Ille Ochs: Im Käfig der Angst – Missbrauch in der heilen Welt. SCM Hänssler 2016.
[2] John Bradshaw: Das Kind in uns – Wie finde ich zu mir selbst. Droemer Knaur 2000, S. 39.
[3] Die Zeit – Das Lexikon in 20 Bänden, Zeitverlag 2005. Eintrag: »Trauma«.
[4] Michaela Huber: Trauma und die Folgen – Trauma und Traumabehandlung, Teil 1. 5. Auflage, Junfermann 2012, S. 37-51.
[5] A. a. O., S. 38.
[6] Wikipedia (Hg.): Eintrag »Inneres Kind«. https://de.wikipedia.org/wiki/Inneres_Kind (letzter Abruf 15.09.2017).
[7] Die Zeit – Das Lexikon, Eintrag: System.
[8] Beim Netzwerk »Kein Täter werden« finden Menschen, die sich zu Kindern hingezogen fühlen, Hilfe: Netzwerk »Kein Täter werden« (Hg.): Homepage. https://www.kein-taeter-werden.de (letzter Abruf 15.09.2017). Mit geistlichem Missbrauch beschäftigt sich die Clearingstelle der Evangelischen Allianz: Deutsche Evangelische Allianz e. V. (Hg.): Clearingstelle. http://www.ead.de/die-allianz/clearing-stelle/clearing-stelle.html (letzter Abruf 15.09.2017).
[9] Duden – Das Herkunftswörterbuch. Band 7, 2. Auflage, Meyers Lexikonverlag 1989. Eintrag: »Identität«.
[10] Piet van Breemen: Was zählt, ist Liebe – Exerzitien für den Alltag. Herder 2005, S. 14.
[11] Reinhard Mey: Selig sind die Verrückten. CD: immer weiter, Maikäfermusik, MBH Berlin 1994, Nr. 12.
[12] Stefanie Stahl: Das Kind in dir muss Heimat finden – Der Schlüssel zur Lösung (fast) aller Probleme. Kailash 2015.
[13] Stefanie Stahl: Das Kind in dir muss Heimat finden – In drei Schritten zum starken Ich. Das Arbeitsbuch. Kailash 2017.
[14] Walter Kohl: Leben oder gelebt werden – Schritte auf dem Weg zur Versöhnung. 2. Auflage Integral Verlag 2011, S. 54-55.
[15] A. a. O., S. 55.
[16] A. a. O., S. 56.
[17] A. a. O., S. 56.
[18] A. a. O., S. 57.
[19] Duden – Das Herkunftswörterbuch, Eintrag: »nett«.
[20] Matthias Laubvogel: Raum in mir. CD: Ich bin 'ne Raupe mit Schmetterlingsflügeln, ERF-Produktion 1995, Nr. 2.
[21] Hanne Baar, Jana Herzberg: Gottesbegegnung am wunden Punkt – Beiträge zu einer christlichen Tiefenpsychologie. 1. Auflage, Hymnus 2002, S. 9.

[22] A. a. O., S. 8.

[23] Lenny Le Blanc: Keiner ist wie du. Deutsche Übersetzung: Martin Pepper. © 1991 Integrity's Hosanna!Music.

[24] Martin Schleske: Herztöne – Lauschen auf den Klang des Lebens. 1. Auflage, Adeo 2016, S. 182.

[25] Reinhard Mey: Bevor ich mit den Wölfen heule. In: Was ich noch zu sagen hätte, 7. Auflage, Kiepenheuer & Witsch 2005, S. 86.

[26] Arno Backhaus, Andreas Malessa: Wie haben sie einander so lieb. Schallplatte: Langarbeitsheftspielscheibe.

[27] Udo Baer, Gabriele Frick-Baer: Das ABC der Gefühle, Bibliothek der Gefühle, Band 1. 5. Auflage, Beltz 2013.

[28] Udo Baer: Selbstfürsorge – Wie Helfende das Helfen gut überleben. Semnos 2016, S. 48.

[29] Wilfried Haubeck, Heinrich von Siebenthal: Neuer sprachlicher Schlüssel zum Griechischen Neuen Testament. Brunnen Verlag 1997. Eintrag: »splagchnizomai«.

[30] Lothar Coenen, Erich Beyreuther, Hans Bietenhard (Hg.): Theologisches Begriffslexikon zum Neuen Testament, Studienausgabe, Band 2. Theologischer Verlag R. Brockhaus 1979. S. 1469-1471.

[31] Duden – Das Herkunftswörterbuch, Eintrag: »Respekt«.

[32] Anne Koark: Zurück auf Start – Mein neues Leben nach der Insolvenz. Eichborn 2010, S. 47.

[33] A. a. O., S. 87.

[34] Inge Tempelmann: Geistlicher Missbrauch – Auswege aus frommer Gewalt. Ein Handbuch für Betroffene und Berater. 4. Auflage, SCM R. Brockhaus 2015.

[35] Gerald Hüther: Positive Psychologie und Potentialentfaltung, Originalvortrag. Bernd Ulrich (Hg.): Auditorium Netzwerk. Müllheim Baden 2016.

[36] Vgl. Julia Eikmann: Ohne Großraum glücklich. Deutschlandfunk Kultur 02. 08. 2011. http://www.deutschlandfunkkultur.de/ohne-grossraum-gluecklich.950.de.html?dram:article_id=140306 (letzter Abruf 22. 08. 2017).

[37] Susan Cain: Still – Die Kraft der Introvertierten. 6. Auflage, Wilhelm Goldmann 2013, S. 14.

[38] A. a. O., S. 106.

[39] A. a. O., S. 108.

[40] A. a. O., S. 108.

[41] A. a. O., S. 108.

[42] A. a. O., S. 107.

[43] Die Zeit – Das Lexikon, Eintrag: »Spiritualität«.

[44] John Bradshaw: Das Kind in uns, S. 66.

[45] Angelika Berlejung, Christian Frevel (Hg.): Handbuch theologischer Grundbegriffe zum Alten und Neuen Testament. 2. Auflage, Wissenschaftliche Buchgesellschaft Darmstadt 2009, S. 205.

[46] Fritz Rienecker (Hg.): Lexikon zur Bibel. 8. Auflage der Volksausgabe. R. Brockhaus 1981, S. 829.
[47] Gerhard Schöne: Lieder. Pila Music Dettenhausen 1993, Die Alte auf der Schaukel, Nr. 7.
[48] Clemens Bittlinger live 2000, Sanna Sound Musikversand, Klein-Winternheim, Nr. 3.
[49] Hilde Domin: Nur eine Rose als Stütze – Gedichte. Erstveröffentlichung 1959. Fischer Verlag 1994.
[50] Duden – Das Herkunftswörterbuch, Eintrag: »Intuition«.
[51] John Bradshaw: Das Kind in uns, S. 66.
[52] Martin Schleske: Herztöne, S. 83-84.
[53] Duden – Das Herkunftswörterbuch, Eintrag: »Inspiration«.
[54] Udo Jürgens: Ich wünsch dir Liebe ohne Leiden. 1984
[55] Gerhard Schöne: »Lieder.«, Pila Music Dettenhausen 1993, Nr. 12.